期货投资者教育系列丛书

纸浆期货

中国期货业协会　编

中国财经出版传媒集团
中国财政经济出版社

图书在版编目（CIP）数据

纸浆期货 / 中国期货业协会编. --北京：中国财政经济出版社，2022.6（2024.1 重印）
（期货投资者教育系列丛书）
ISBN 978-7-5223-1277-4

Ⅰ.①纸… Ⅱ.①中… Ⅲ.①纸浆-期货交易-基本知识 Ⅳ.①F830.9

中国版本图书馆 CIP 数据核字（2022）第 047826 号

责任编辑：马　真　　　　责任校对：徐艳丽
封面设计：王　颖　　　　责任印制：刘春年

纸浆期货
ZHI JIANG QI HUO
中国财政经济出版社 出版

URL：http：//www.cfeph.cn
E-mail：cfeph@cfeph.cn

社址：北京市海淀区阜成路甲 28 号　邮政编码：100142
营销中心电话：010-88191522　编辑部电话：010-88190957
天猫网店：中国财政经济出版社旗舰店
网址：https：//zgczjjcbs.tmall.com
北京时捷印刷有限公司印刷　各地新华书店经销
成品尺寸：170mm×230mm　16 开　10.75 印张　165 000 字
2022 年 6 月第 1 版　2024 年 1 月北京第 2 次印刷
定价：29.00 元
ISBN 978-7-5223-1277-4
（图书出现印装问题，本社负责调换，电话：010-88190548）
本社质量投诉电话：010-88190744
打击盗版举报热线：010-88191661　QQ：2242791300

《期货投资者教育系列丛书》编委会

编委会主任：洪　磊

编委会委员：王明伟　张晓轩　陈东升　吴亚军
　　　　　　王　颖　冉　丽　孙明福

主　　编：洪　磊

执行编委：董文旭　刘方媛

编撰人员：郑　玮

前　言

我国期货市场经过30多年发展，经历了从无到有、从小到大、从乱到治，走出了一条独具特色的道路，取得了令人瞩目的成就。30多年来，期货市场的规则体系不断完善，品种创新有序推进，风险管理工具进一步丰富，对外开放进程明显加快。期货市场的规模稳步扩大，市场投资者结构逐步优化，资产管理和风险管理等创新业务探索取得初步成效。期货市场整体运行质量和效率不断提高，价格发现和风险管理的基础功能得到发挥，在优化资源配置，促进产业升级，助力脱贫攻坚和维护国家经济金融安全等方面发挥着越来越重要的作用。

随着我国期货市场规模的不断发展壮大，新的市场参与者特别是个人投资者呈持续上升趋势。投资者是期货市场的重要主体，期货市场的发展离不开投资者的积极参与。中小投资者是我国现阶段资本市场的主要参与群体，但处于信息弱势地位，抗风险能力和自我保护能力较弱，合法权益容易受到侵害。维护中小投资者合法权益是证券期货监管工作的重中之重，关系广大人民群众的切身利益，是资本市场持续健康发展的基础。因此，当前我国期货市场正处于快速发展时期，做好投资者教育工作意义深远。

2013年，《国务院办公厅关于进一步加强资本市场中小投资者合法权益保护工作的意见》（以下简称《意见》）发布，指出要强化中小投资者教育，加大普及证券期货知识力度。将投资者教育逐步纳入国民教育体系，有条件的地区可以先行试点。充分发挥媒体的舆论引导和宣传教育功能。证券期货经营机构应当承担各项产品和服务的投资者教育义务，保障费用支出和人员配备，将投资者教育纳入各业务环节。提高投资者风险防范意识。自律组织应当强化投资者教育功能，健全会员投资者教育服务自律规则。中小投资者应当树立理性投资意识，依法行使权利和履行义务，养成良好投资习惯，不听信传言，不盲目跟风，提高风险防范意识和自我保护能力。2019 年 3 月，证监会、教育部联合印发了《关于加强证券期货知识普及教育的合作备忘录》（以下简称《合作备忘录》），旨在学校教育中大力普及证券期货知识，对于推动全社会树立理性投资意识，提升国民投资理财素质，维护社会和谐稳定。

随着《意见》的深入贯彻和落实，我国中小投资者保护工作取得了积极成效，围绕投资者教育工作，期货市场的监管部门、自律组织与中介机构都深入进行了大量形式多样、内容丰富、卓有成效的工作。由中国期货业协会组织编写的本套《期货投资者教育系列丛书》，就是协会按照中国证监会的统一部署，贯彻落实期货投资者教育工作的重要措施之一，也是协会积极响应《关于加强证券期货知识普及教育的合作备忘录》要求，推动期货知识进校园、进课堂、纳入国民教育体系的切入点。本丛书是为期货投资者编写的一套普及性读物，以广大普通投资者为服务对象，兼顾了专业机构的需求，采取简单明了的问答体例，在语言上力争做到深入浅出、通俗易懂、可读性强。衷心地希望本丛书的出版能够为期货投资者了解期货市场、树立风险意识、理性参与期货交易提供有益的帮助。

在此，我们对所有在本丛书编写和出版过程中付出辛勤劳动的朋友表示衷心感谢。由于编写时间紧迫，书中的不足和疏漏在所难免，恳请读者批评指正。

中国期货业协会

2022 年 6 月

目　录

第一章

了解纸浆

本章要点

纸在我们日常生活中随处可见，广泛地运用在社会经济活动的方方面面。纸浆是造纸的主要原材料。为了帮助投资者了解纸浆的基础知识，本章主要从纸浆的概念、分类方法、命名规则、生产工艺及其流程、现货流通、产业链概况及其用途等多个方面进行介绍。

一、如何理解造纸产业的重要性？

纸（Paper）在我们日常生活中随处可见，且用途广泛。常见的纸及纸制品有书籍、杂志、报纸、复印纸、纸袋、纸箱、卫生纸。而有些纸常常会被我们忽略，比如防尘纸、热敏纸、过滤纸、耐燃纸、导电纸、电气绝缘纸等。当然，纸及纸制品的种类远远不止我们提到的这些，纸及纸制品广泛地运用在文化传播、印刷宣传、物流包装、工业生产和医药卫生等方方面面。

造纸产业作为重要的基础原材料产业，与国民经济和社会发展关系密切，被称为“社会和经济晴雨表”。造纸产业具有可持续发展的特点，在国民经济的各个领域发挥着重要作用，涉及农业、林业、化工、印刷、包装、机械、电子、能源和运输等领域。

根据《国民经济行业分类》（GB/T 4754－2017），造纸产业包括纸浆制造业、造纸业和纸制品制造业三个部分。

1. 纸浆制造是指经机械或化学方法加工纸浆的生产活动。

2. 造纸是指用纸浆或其他原料（如矿渣棉、云母、石棉等）悬浮在流体中的纤维，经过造纸机或其他设备成型，或手工操作而成的纸及纸板的制造。

3. 纸制品制造是指用纸及纸板为原料，进一步加工制成纸制品的生产活动。

二、什么是纸浆？

纸浆（Pulp）是造纸的主要原材料，通常以植物纤维或其他纤维为原料，经不同加工方式加工制成的纤维状物质，不仅应用于造纸领域，还广泛应用于人造纤维、塑料、化工等领域。

其中，以木材纤维为原材料，利用化学、机械或两者结合的方法制得的纸浆统称为木浆（Wood Pulp）。除木材外，其他用于制造纸浆的原材料包括：（1）棉短绒；（2）回收（废碎）纸或纸板；（3）破布及其他纺织废料；（4）稻草、针茅、各种天然麻类、蔗渣、竹及各种草和芦苇。

纸浆中构成纤维的主要成分有纤维素、半纤维素、木质素以及其他少量成分。其中，纤维素是纸浆的主要成分，在制浆过程中需要尽量保留。木质素也被称为木素，木质素是影响纸浆颜色的主要原因。

小贴士

纸浆的形态

纸浆的形态要分不同的情况。纸浆在使用环节是各种纤维和化学试剂以及水的混合物。对于自用浆，一般生产出来的纸浆直接加工成纸张，但是为了保障浆—纸生产线的连续性，企业会贮藏一定数量的备用纸浆悬浮液。

对于商品浆，为了便于运输，会对纸浆进行脱水。短距离运输一般直接采用湿浆板。长距离运输，通常会将脱水后的湿浆板进行进一步干燥，加工成干浆板，并以浆包的形式运输销售。因此，商品浆存在湿浆板和干浆板两种形态。上海期货交易所（以下简称上期所）纸浆期货交易品种漂白硫酸盐针叶木浆的形态就是干浆板，如图 1－1 所示，以浆包的形式运输贮藏。无论是湿浆板还是干浆板，造纸企业在使用时，都需要重新注水、打浆。

图 1－1　商品浆实物图

三、纸浆如何分类？

纸有很多种类，不同的纸种具有不同的性能和用途，因此，不同的纸种对原材料的要求也就有所不同，这意味着纸浆的种类同样也有很多。通常按照原料来源、生产工艺和漂白程度等方式对纸浆进行分类。如表1-1所示，按照原料来源，纸浆可以分为木浆、非木浆和废纸浆（又称再生纸浆）。按照生产工艺，纸浆又可以分为机械浆、化学浆和化学机械浆。按照漂白程度，纸浆则分为漂白浆、半漂白浆和未漂白浆（又称本色浆）。

表1-1　纸浆分类汇总

分类标准	主要类别
原料来源	木浆、非木浆、废纸浆（再生纸浆）
生产工艺	机械浆、化学浆、化学机械浆
漂白程度	漂白浆、半漂白浆、未漂白浆（本色浆）

资料来源：根据公开资料整理。

（一）按原料来源进行分类

纸浆按照原料来源可以划分为木浆、非木浆和废纸浆（见图1-2）。

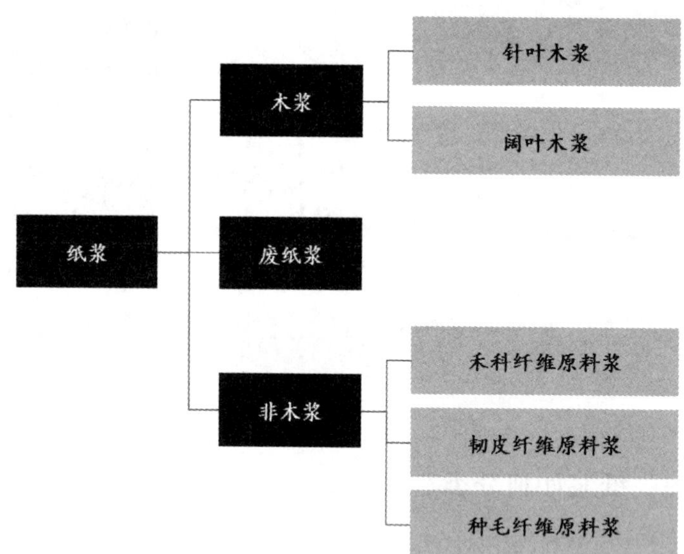

图1-2　纸浆按原料来源进行分类

资料来源：根据公开资料整理。

1. 木浆

木浆是指以木材纤维为原料，利用化学、机械或两者结合的方法制成的纸浆。根据《中国造纸工业2020年度报告》，2020年我国木浆消耗量占我国纸浆消耗总量的40%。按照原料使用的树种不同，木浆又可以分为针叶木浆（Softwood Pulp）和阔叶木浆（Hardwood Pulp）两大类。

2. 非木浆

非木浆是以草类、竹材、芦苇等非木材纤维为原料，利用化学、机械或两者结合的方法制成的纸浆。2020年我国非木浆消耗量占我国纸浆消耗总量的5%。按照非木材纤维原料，非木浆又可以分为禾科纤维原料浆、韧皮纤维原料浆和种毛纤维原料浆。禾科纤维原料浆是以稻草、麦草、芦苇、竹、甘蔗渣等为纤维原料，韧皮纤维原料浆是以红麻、亚麻、桑皮、棉杆皮等为纤维原料，种毛纤维原料浆是以棉纤维等为纤维原料。

3. 废纸浆

废纸浆（再生纸浆）是废纸及废纸板在回收后经过分类筛选，温水浸涨，经过机械力量搅拌并经漂白或脱墨处理而制成的纸浆。废纸及废纸板主要包括废黄板纸、废纯报纸、废书页纸等。废纸浆在我国纸浆消耗量中占比最大，2020年我国废纸浆消耗量占比为55%。

（二）按生产工艺进行分类

纸浆按照生产工艺分为机械浆、化学浆和化学机械浆。机械浆、化学浆和化学机械浆分别是指利用机械法、利用化学法和利用化学机械法制成的纸浆。三种制浆方法的制浆得率①、制成纸的性能和用途都有所不同（见表1－2）。

表1－2　　　　三种制浆方法特点对比

制浆方法		得率（%）	优劣
高得率制浆法	机械法	90—98	吸墨性强、不透明度高；强度低、白度差、不稳定
	化学机械法	65—90	居于机械制浆法和化学制浆法之间
化学法		40—55	纤维破坏小、强度高、稳定

资料来源：根据公开资料整理。

① 得率＝所得的浆重/原来的木材重（绝干）。

1. 机械制浆法

机械制浆法是指完全利用机械磨解对纤维原料进行处理而制成纸浆的方法，包括磨石磨木法、盘磨机械法和热磨机械法等。这种方法制浆得率最高，得率可达90%—98%。成纸的吸墨性强，不透明度高，但由于非纤维素含量高，强度低、白度差、不稳定，一般用于制造需要较小强度的印刷品，比如新闻纸和涂布印刷纸。

2. 化学制浆法

化学制浆法是指利用化学药剂对纤维原料进行处理而制成纸浆的方法。按照所使用的化学药剂的不同，化学法具体分为硫酸盐法、烧碱法、亚硫酸盐法等方法。这种方法制浆得率约为40%—55%。因为药液作用比较缓和，纤维未受到强烈侵蚀，对纤维破坏小，故强度高，所制成的纸耐破度和抗张强度较高。

3. 化学机械制浆法

化学机械制浆法是指采用化学预处理和机械磨解后处理两个阶段的制浆方法，即两段制浆法。根据化学预处理的程度，纸浆得率在65%—90%之间，其白度和纸浆物理强度居于机械制浆法和化学制浆法之间。其中纸浆得率在65%—85%之间的制浆方法，又被称为半化学法。

机械法与化学机械法统称为“高得率制浆法”。

延伸阅读

半化学法与化学机械法的关系

前文我们提到“化学机械制浆法……纸浆得率在65%—90%……其中纸浆得率在65%—85%之间的制浆方法，又被称为半化学法”，其实，严格意义上来说，半化学法和化学机械法的本质区别在于化学处理程度的不同。化学处理程度的不同决定了制浆得率的不同。半化学法的化学处理程度较化学机械法激烈，但较化学法温和，半化学法的得率达65%—85%（或65%—80%）。化学机械法是原料经过轻微的化学处理，然后再用机械方法处理，化学机械法的得率可达到65%—90%（或80%—90%）。

（三）按漂白程度进行分类

利用化学蒸煮制成的纸浆，由于残留的木质素和其他有色杂质，会带有一定颜色。为了获得具有一定白度的纸浆，需要除去残留的木质素和其他有色杂质，这就是纸浆的漂白。

根据漂白程度不同，纸浆可细分为漂白浆、半漂白浆和未漂白浆（本色浆）。不同漂白程度的纸浆也因其白度不同而应用于不同的造纸行业。

具体到某一个纸浆品种，通常需要根据原料来源、生产工艺和漂白程度这三种分类方法综合命名，所以纸浆的名字一般都比较长。例如，比较常见的“漂白硫酸盐针叶木浆”（简称漂针浆）和“漂白硫酸盐阔叶木浆”（简称漂阔浆）。上期所纸浆期货标的物选择的是“漂白硫酸盐针叶木浆”，就是包含了三个信息，“漂白”体现了漂白程度，“硫酸盐”体现了生产工艺，“针叶木浆”则表明了原料来源（见图1－3）。为什么选择“漂白硫酸盐针叶木浆”作为纸浆期货交割标的呢？我们将在第四章节详细讨论。

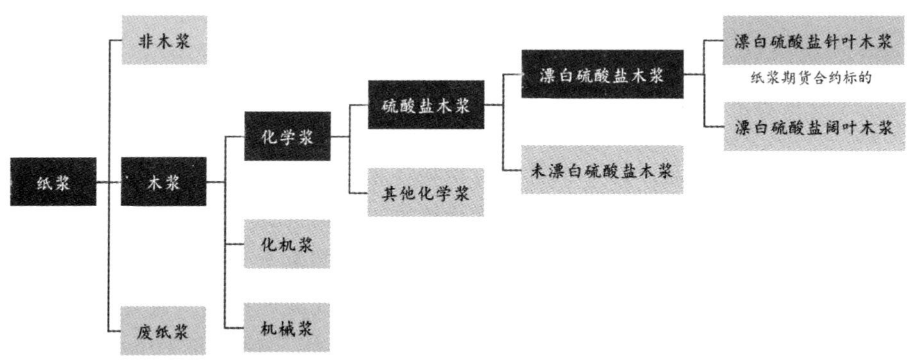

图1－3 漂白硫酸盐针叶木浆的分类依据

资料来源：根据公开资料整理。

小贴士

"漂白"≠"增白"

纸浆的主要成分是纤维素，纸浆的漂白指的是将残留的木质素和其他有色杂质分解，纸浆的漂白并不是通过添加荧光增白剂。因此，漂白不等于增白。纸的颜色不代表其本身的优劣程度。在选购纸巾时，无论是白色纸巾还是本色纸巾，消费者都可以放心选购正规厂商生产的产品。

四、针叶木浆和阔叶木浆之间有什么异同?

前文我们提到，木浆按照树种可分为两大类，分别是针叶木浆和阔叶木浆，下面我们具体讲一下。

（一）针叶木浆

针叶木浆主要是以针叶木材的边角料作为纤维原料制成的纸浆。针叶树叶状多呈尖细状，因其质地较软又称为软木，如落叶松、云杉等。针叶树多生长于中高纬度地区，如北美、北欧、俄罗斯、智利等地区。针叶树具有生长周期长（20—25 年）、纤维长度长、芯材颜色较浅等特点。因此，针叶木浆的纤维长且细，针叶木浆制造的纸张柔韧性好，耐折度高，抗张强度较好。

（二）阔叶木浆

阔叶木浆主要是以阔叶木材的边角料作为纤维原料制成的纸浆。阔叶树叶状多呈阔宽状，因其质地较硬又称为硬木，如桉木、桦木等。阔叶树多生长于中低纬度地区，如美国南部、巴西、智利和印度尼西亚等地区。阔叶树具有生长周期短（3—5 年）、纤维长度短等特点。因此，阔叶木浆纤维粗且

短，阔叶木浆制造的纸张虽然成纸强度相对低，但较疏松，吸收性能强，不透明度高，松厚度高，挺度高，包装性能好。

（三）针阔叶浆的配比问题

由于针叶木浆和阔叶木浆性能不同（见表1－3），针叶木浆比阔叶木浆具有更强的韧度、抗张强度与可拉伸性，造纸企业一般不会使用单一浆种制造纸张，通常会掺入一定比例的针叶木浆来增强纸张的韧性和强度。根据所生产纸张的种类、品种及用途，针叶木浆与阔叶木浆的使用配比会有所不同。此外，为了保证纸张质量的稳定性，造纸企业一般情况不会轻易调整原料针叶木浆与阔叶木浆的使用配比。

表1－3　　针叶木浆和阔叶木浆的特点对比

特点	针叶木浆	阔叶木浆
原料特点	主要以针叶木材的边角料作为原材料 叶状多呈尖细状 质地较软又称为软木 多生长于中高纬度地区 生长周期长（20—25年） 纤维长度长	主要以阔叶木材的边角料作为原材料 叶状多呈阔宽状 质地较硬又称为硬木 多生长于中低纬度地区 生长周期短（3—5年） 纤维长度短
木浆特点	木浆纤维长且细	木浆纤维粗且短
成纸特点	柔韧性好，耐折度高，抗张强度较好，印刷性能好	成纸强度相对低，较疏松，吸收性能强，不透明度高，松厚度高，挺度高，包装性能好

资料来源：根据公开资料整理。

小贴士

针叶木浆和阔叶木浆的其他名字

针叶木浆和阔叶木浆具有不同的原料质地和纤维长度。针叶木浆由于纤维长度长，原料质地较软，也被称为针叶浆、长纤木浆、软木浆。阔叶木浆由于纤维长度短，原料质地较硬，也被称为阔叶浆、短纤木浆、硬木浆。本书统一使用针叶木浆和阔叶木浆。

五、硫酸盐法与其他制浆方法的区别是什么？

化学制浆法是指利用化学药剂对纤维原料进行处理而制成纸浆的方法。根据所使用的化学药剂进行分类，化学制浆法主要包括碱法和亚硫酸盐法两种方法。其中，碱法制浆主要有硫酸盐法和烧碱法。

作为化学制浆中碱法制浆的一种，硫酸盐法采用氢氧化钠（NaOH）和硫化钠（Na_2S）混合液为蒸煮剂。硫酸盐法是目前重要的制浆方法，具有以下特点：

一是硫酸盐法的原料使用范围广泛，既适用于处理针叶木，又适用于处理阔叶木及草类原料。

二是硫酸盐法制成的纸浆强度高，适用于现代高速纸机造纸。

三是硫酸盐浆不仅可以抄造本色纸，还可以生产高白度的漂白硫酸盐浆。

四是硫酸盐法的蒸煮时间较短，能耗消耗少。

五是硫酸盐法中化学品和能量的回收率高。

六、纸浆的生产流程是什么样的？

制浆就是利用化学法、机械法或两者结合的方法，除去原料木材或其他

纤维原料中的木质素、碳水化合物等非纤维物质，使纤维解离制成粗浆，再经洗涤、筛选、净化或进一步漂白制成纸浆。纸浆生产工艺流程示意图如图 1－4 所示。

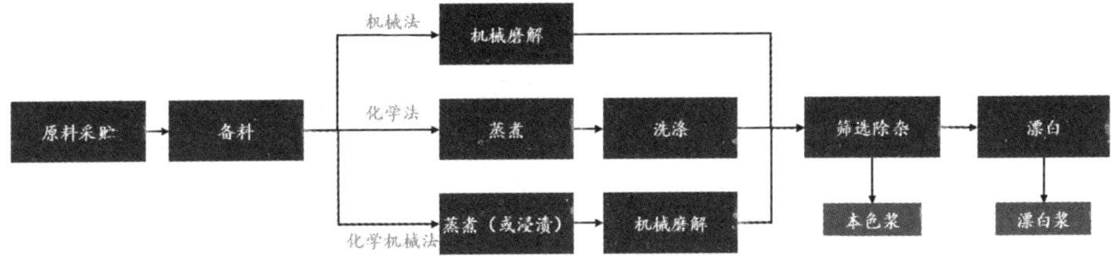

图 1－4　纸浆生产工艺流程示意图

资料来源：根据公开资料整理。

以纸浆期货的交割标的漂针浆为例，其工业制造流程主要包括原料采贮和削片、蒸煮、洗涤、筛选、漂白、烘干、切片和打包等工序。在具体制造流程中，将木材剥皮并削成较小木片，经筛选的合格木片用氢氧化钠（NaOH）和硫化钠（Na_2S）的蒸煮剂蒸煮 1—2 小时。蒸煮液视有效化学成分浓度，可能补充部分经回收的蒸煮液以提高效率。蒸煮过程将除去木质素，使木材分解成纤维素纤维。蒸煮后的粗浆经洗浆机洗涤后，用筛浆机除去过大的碎片得到细浆。细浆经多段漂白和浓缩后，制成湿浆板并送入干燥机干燥。最后经切片和打包后，所得纸浆即可以浆包形式交货。漂针浆生产工艺流程示意图如图 1－5 所示。

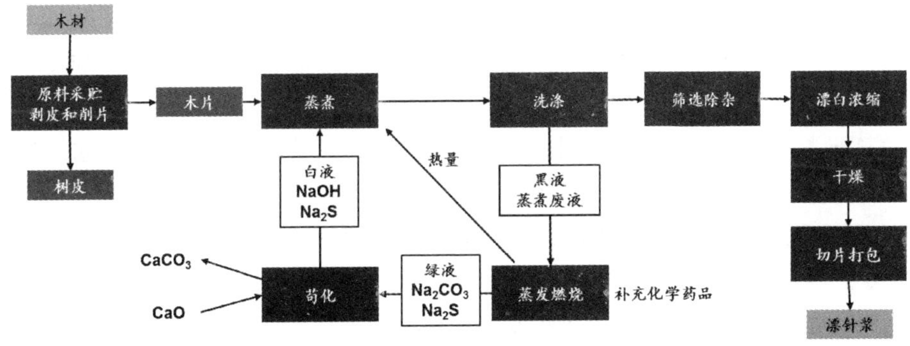

图 1－5　漂针浆生产工艺流程示意图

资料来源：根据公开资料整理。

延伸阅读

硫酸盐法制浆中的药液循环

硫酸盐法中化学品和能量的回收率高。含氢氧化钠（NaOH）和硫化钠（Na_2S）的蒸煮剂也被称为白液，用于蒸煮木片，蒸煮过程需要除去木质素。含有木质素溶解产物的残留黑液，通过碱回收炉中浓缩和燃烧，获得碳酸钠（Na_2CO_3）和硫化钠（Na_2S）的熔融物。熔融物在水中溶解，形成绿液。绿液经苛化反应，形成供下个蒸煮循环用的白液。

七、纸浆的用途有哪些？

纸浆种类众多，且用途广泛。不同的原料来源、生产工艺或者漂白程度的纸浆均具有不同的使用途径。纸浆最重要的用途就是造纸，用于造纸的纸浆也被称为造纸级浆。为了与后文纸浆产业链的描述相对应，这里我们讨论木浆、非木浆和废纸浆的用途，不再针对某一个具体浆种的用途进行介绍。

木浆由于其纤维长、破裂强度高、拉伸强度好等特点，成纸具有耐折、耐破、撕裂强度高等特性，多用于生产生活用纸、非涂布印刷书写纸（双胶纸）、涂布印刷纸（铜版纸）、白卡纸和特种纸等，所得纸张再经加工后制得图书、杂志、餐巾纸等纸制品流入市场。

非木浆多用于生产卫生用纸、包装纸及手工纸等，如本色竹浆纸巾、宣纸等。

废纸浆根据原料质量不同，经不同工艺处理后可用于生产新闻纸、白板纸、瓦楞纸及箱板纸等。其中，白板纸、瓦楞纸及箱板纸属于包装用纸范畴。

纸浆除了用于造纸，由于纸浆的主要成分为纤维素，利用纸浆的这一特性也可以生产纤维素产品，应用于人造纤维、塑料、化工等领域。比如常见的纺织原料粘胶纤维，就是通过木浆制成溶解浆，再进一步制成粘胶纤维。

延伸阅读

溶解浆与纸浆

溶解浆是“溶解级化学木浆”的简称。纸浆中构成纤维的主要成分有纤维素、半纤维素、木质素以及其他少量成分。通过对木浆进行适当处理后可以制成溶解浆，具体工艺流程是将木浆中的半纤维素、木质素以及其他少量成分除去，制得聚合度均一的纯纤维素。溶解浆再经过进一步处理后制成粘胶纤维，应用于纺织等行业。

八、纸浆的现货流通模式是什么样的?

纸浆现货流通模式（简易版）一般可以简单概括为“浆厂—贸易企业—造纸企业”或者“浆厂—造纸企业”（见图1-6），即浆厂将纸浆销售至贸易企业或者造纸企业，贸易企业从浆厂集中购买纸浆并销售至造纸企业，造纸企业则从浆厂或者贸易企业处采购纸浆（这里忽略了代理商环节）。

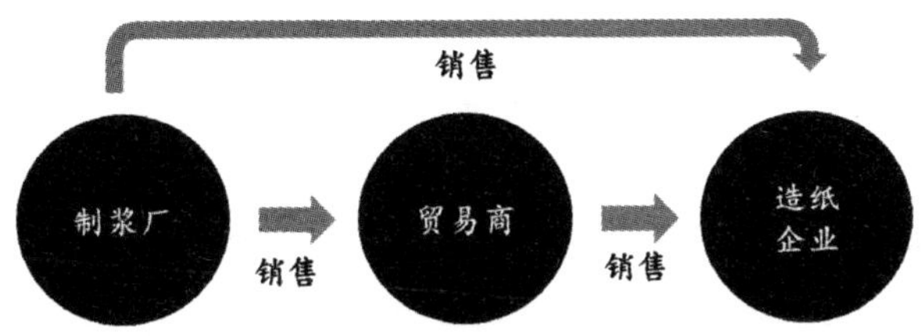

图1-6　纸浆的现货流通模式（简易版）

资料来源：根据公开资料整理。

贸易企业或者造纸企业直接从海外浆厂采购纸浆的模式被称为长协采购模式。国内贸易企业或者造纸企业直接与海外浆厂签订为期一年的长协，该长协定量不定价，确定的是全年的采购量。浆厂一般按照每月一次的频率进行报价，需要注意的是，海外浆厂的报价通常为 CFR 到岸价。在个别情况下，海外浆厂会选择某月不报价，或者国内贸易企业和造纸企业选择某月不接货，那么这个月的量通常会与下个月的量合并一起发货。长协采购由于存在 1—3 个月的船期，国内贸易企业或者造纸企业在制定采购计划时，需要充分考虑船期带来的不确定性。

九、如何概括纸浆产业链？

纸浆产业链分为上游纸浆制造业、中游造纸业和下游纸制品制造业三个环节（见图 1－7）。整个纸浆产业链涉及的行业及产品比较多，包括林业发展、包装物流、印刷宣传、居民消费和工业生产等方面。

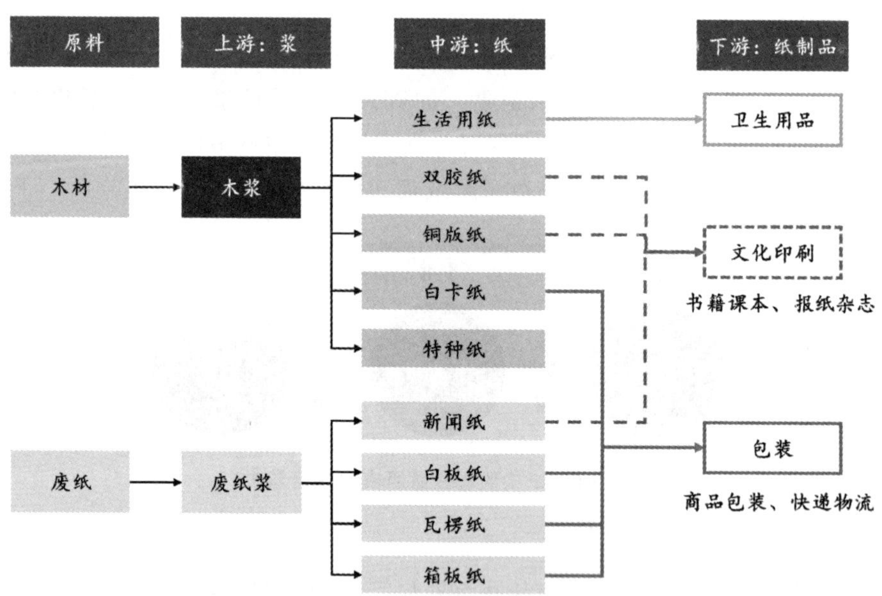

图 1－7　废纸系和木浆系纸浆产业链情况

资料来源：根据公开资料整理。

在上游纸浆制造业，依照原料来源可以划分为木浆、非木浆和废纸浆三大类，每一类对应不同的纸及纸制品，因此，中游造纸业可分为三条细分产业链。一条是以木浆为原材料，一条是以废纸浆为原材料，一条是以非木浆为原材料。

以木浆为原材料，多用于生产生活用纸、非涂布印刷书写纸（双胶纸）、涂布印刷纸（铜版纸）、白卡纸和特种纸等产品。而以废纸浆为原材料，多用于生产新闻纸、白板纸、瓦楞纸及箱板纸等产品。以非木浆为原材料，常用于生产卫生用纸、包装用纸及手工纸等。

这几种纸产品按照用途又可以分为文化用纸、包装用纸、生活用纸和特种纸四大方向。其中，非涂布印刷书写纸（双胶纸）、涂布印刷纸（铜版纸）以及新闻纸都属于文化用纸。白卡纸、白板纸、瓦楞纸及箱板纸则属于包装用纸。

四大类纸产品又有各自对应的终端领域。文化用纸的终端是印刷行业，用于印刷书籍课本、报纸杂志、画册画报。包装用纸的终端是各行业产成品的包装需求和快递物流。生活用纸已经接近其最终消费品，直接面向消费者。不同于这三类纸产品的终端领域，特种纸的下游细分领域则更加广泛。

延伸阅读

纸的定义及分类

纸指的是用植物纤维或其他纤维原料制成的薄片，广泛运用在文化传播、印刷宣传、包装物流、工业生产和医药卫生等方面。纸主要分为文化用纸、包装用纸、生活用纸和特种纸四大类。

（一）文化用纸

文化用纸是指用于传播文化知识的书写和印刷纸张，主要包括未涂布印刷书写纸、涂布印刷纸和新闻纸三大类。文化用纸的下游市场是印刷业和出版业，用于印刷书籍课本、报纸杂志、画册画报。

1. 未涂布印刷书写纸（双胶纸）

未涂布印刷书写纸是指未经涂布加工的印刷用纸，包括胶版纸、书写纸、轻型纸和静电复印纸等。其中，双面胶版印刷纸（简称双胶纸）是指在造纸过程中把胶料涂敷在纸的两面以改善其表面物性的纸。

2. 涂布印刷纸（铜版纸）

涂布印刷纸是指在原纸涂布后，经过压光整饰制成的纸张，包括铜版纸和轻量涂布纸等。铜版纸分为单面和双面两种，主要用于印刷画册、画报、书刊封面、插页、美术图片及商品商标等高级印刷品。

3. 新闻纸

新闻纸由于纸张不宜长期保存且容易破损，主要用于印刷报纸、期刊以及印数较多、使用期限较短的书刊资料、胶印连环画等出版物。

（二）包装用纸

包装用纸是指用于包装的纸张，一般具有较高的物理强度及一定的抗水性，主要包括箱板纸、瓦楞纸、白卡纸和白板纸等。包装用纸的终端是各行业产成品的包装需求和快递物流。

1. 白卡纸

白卡纸是指面层和底层以漂白木浆为主，中间层加有机械木浆的硬质纸板。由于坚挺厚实，纸面平整，且白度高，适用于印制名片、请柬、证书、包装装潢用印刷品及高档包装盒。

2. 白板纸

白板纸是单面或双面为白色的纸板，常用于印刷包装盒和商品装潢衬纸。

3. 瓦楞纸

瓦楞纸，又称瓦楞原纸、瓦楞芯纸，主要用于制造瓦楞纸板的芯层。

4. 箱板纸

箱板纸是纸箱用纸的主要纸种之一，与瓦楞纸黏合后制成瓦楞纸箱，主要用于家用电器、日用百货等产品的包装运输。

（三）生活用纸

生活用纸是指供人们日常生活所使用的各类卫生擦拭用纸，包括卫生纸、纸巾纸、擦手纸、厨房纸巾、吸水衬纸和马桶垫纸等。生活用纸已经接近其最终消费品，直接面向消费者。

（四）特种纸

特种纸是指具有特殊用途的、产量相对较小的功能性用纸，用于阻燃、绝缘、耐磨、滤纸、云母、医用、电容电器等。相较于其他纸产品，特种纸的下游细分领域更加广泛，常常运用在金融、建材、电气电力、微电子、国防、通讯、食品、医疗等领域。

自测题

一、单项选择题

1. 以下关于造纸产业的描述错误的是（　　）。

A. 造纸产业与国民经济和社会发展关系密切

B. 造纸产业被称为“社会和经济晴雨表”

C. 造纸产业包括纸浆制造业、造纸业和纸制品制造业三个部分

D. 木浆用于生产新闻纸

2. 以下关于纸浆生产的描述正确的是（　　）。

A. 针叶木浆又称为硬木浆

B. 硫酸盐法是目前重要的制浆方法

C. 纸制品制造指经机械或化学方法加工纸浆的生产活动

D. 对于不同的纸种，针叶木浆与阔叶木浆的使用配比完全相同

3. 2020 年我国纸浆消耗量中占比最大的是（　　）。

A. 废纸浆

B. 木浆

C. 非木浆

D. 化学浆

4. 以下关于纸浆的描述错误的是（　　）。

A. 纸浆依照原料来源可以划分为木浆、非木浆和废纸浆

B. 阔叶木浆的纤维长且细，因此又被称为长纤浆

C. 上期所纸浆期货标的物以浆包的形式运输贮藏

D. 以木材纤维为原料制得的纸浆统称为木浆

二、判断题

1. 木质素是纸张的主要成分，是制浆过程中尽量保护的成分。（　　）

2. 造纸产业具有可持续发展特点。（　　）

3. 纸浆是抄纸的主要原材料，仅以植物纤维为原料。（　　）

4. 纸浆只能用于造纸。（　　）

参考答案

一、单项选择题

1. D　　2. B　　3. A　　4. B

二、判断题

1. 错　　2. 对　　3. 错　　4. 错

第二章

纸浆的供求

本章要点

我国是全球最大的纸浆进口国、最大的纸浆消费国和最大的纸及纸板生产国，中国浆纸市场在全球浆纸产业链中占有重要地位。本章主要介绍了纸浆的供求格局，包括全球纸浆产销变化、全球纸浆贸易流向、我国纸浆产销变化、我国纸浆进口情况以及各个木浆系纸种的产销情况。通过对纸浆供求格局进行分析，帮助投资者进一步了解纸浆产业链的发展现状和发展趋势。

一、纸浆供需格局分析需要考虑哪些内容？

在第一章中我们提到，纸浆的分类和用途有很多，每一个浆种对应的定义也不尽相同。然而不同的统计口径在统计纸浆供需数据时，并没有对纸浆的统计范畴进行统一界定。为了便于投资者清晰快捷地了解纸浆供需格局，现将本章涉及的纸浆供需数据进行简要概括，数据概览如表 2－1 所示。

表 2－1　　纸浆供需数据概览

<table>
<tr><th colspan="3">要素</th><th>内容</th><th>备注</th></tr>
<tr><td rowspan="7">全球</td><td rowspan="4">1. 供应</td><td rowspan="2">1.1 产量</td><td>纸浆产量</td><td>指造纸级原生浆</td></tr>
<tr><td>漂白硫酸盐木浆产量</td><td></td></tr>
<tr><td rowspan="2">1.2 进口</td><td>纸浆进口量</td><td>指造纸级原生浆</td></tr>
<tr><td>漂白硫酸盐木浆进口量</td><td></td></tr>
<tr><td rowspan="3">2. 需求</td><td rowspan="2">2.1 出口</td><td>纸浆出口量</td><td>指造纸级原生浆</td></tr>
<tr><td>漂白硫酸盐木浆出口量</td><td></td></tr>
<tr><td>2.2 消费</td><td>纸及纸板产量</td><td></td></tr>
<tr><td rowspan="8">中国</td><td rowspan="5">3. 供应</td><td rowspan="2">3.1 产量</td><td>纸浆产量</td><td>包括木浆、废纸浆和非木浆</td></tr>
<tr><td>木浆产量</td><td>不包含溶解浆，指造纸级木浆</td></tr>
<tr><td rowspan="3">3.2 进口</td><td>纸浆进口量</td><td>包括漂针浆、漂阔浆、本色浆、化机浆、溶解浆及其他</td></tr>
<tr><td>漂针浆进口量</td><td>税号 47032100</td></tr>
<tr><td>漂阔浆进口量</td><td>税号 47032900</td></tr>
<tr><td rowspan="3">4. 需求</td><td rowspan="3">4.1 消费</td><td>纸浆消费量</td><td>包括木浆、废纸浆和非木浆</td></tr>
<tr><td>木浆消费量</td><td>不包含溶解浆，指造纸级木浆</td></tr>
<tr><td>纸及纸板产量</td><td></td></tr>
</table>

二、全球纸浆产能及产量情况如何？

（一）全球纸浆产能分布

2020 年全球漂针商品浆产能约 2800 万吨，漂阔商品浆产能约 4000 万

吨。未来5年全球化学商品浆产能的增量主要来自阔叶木浆。

发展造纸产业需要依托于森林资源，全球纸浆产能集中在森林资源丰富的地区，如南美、北美、北欧和西欧等地区。需要提醒的是，这里的纸浆并不包含废纸浆（再生浆）。

其中，针叶木浆的纤维原料针叶树多生长于中高纬度地区，因此针叶木浆的产能多集中在加拿大、美国、芬兰、瑞典、智利和俄罗斯等国家。而阔叶木浆的纤维原料阔叶树多生长于中低纬度地区，阔叶木浆的产能多集中在巴西、印度尼西亚、乌拉圭和智利等国家。

（二）全球纸浆（造纸级原生浆）产量

联合国粮食及农业组织（Food and Agriculture Organization of the United Nations，FAO）的数据显示，2001—2007年全球纸浆（造纸级原生浆）产量呈上升趋势。受到2008年金融危机影响，2009年产量降幅明显，同比下降9.6%，较上年减少近1900万吨。随着经济复苏，2010年产量迅速恢复。

2011—2017年产量变化相对稳定，维持在1.80亿—1.85亿吨水平。2018年产量突破1.95亿吨，接近2007年历史峰值，随后两年产量逐渐下滑。2020年全球纸浆产量为1.89亿吨，同比下降2.1%，较上年减少414万吨。2011—2020年全球纸浆产量年均增长率仅为0.2%。2001—2020年全球纸浆产量如图2-1所示。

分国别来看，2020年全球前五大纸浆（造纸级原生浆）生产国分别为美国、巴西、中国、加拿大、瑞典，占比分别为26.4%、11.1%、9.5%、7.9%和6.1%（见图2-2）。前五大纸浆生产国产量占到全球全年总产量的61.1%。如图2-3所示，2011—2020年全球主要国家纸浆产量占比变化不大。

（三）全球漂白硫酸盐木浆产量

FAO的数据显示，全球漂白硫酸盐木浆产量在2009年回落，随后继续延续2001—2008年的稳步增长态势。2018年产量创下历史最高记录。2020年全球漂白硫酸盐木浆产量为1.06亿吨，同比下降1.9%，较上年减少

201 万吨。2011—2020 年全球漂白硫酸盐木浆产量年均增长率为 1.4%。2001—2020 年全球漂白硫酸盐木浆产量如图 2-4 所示。

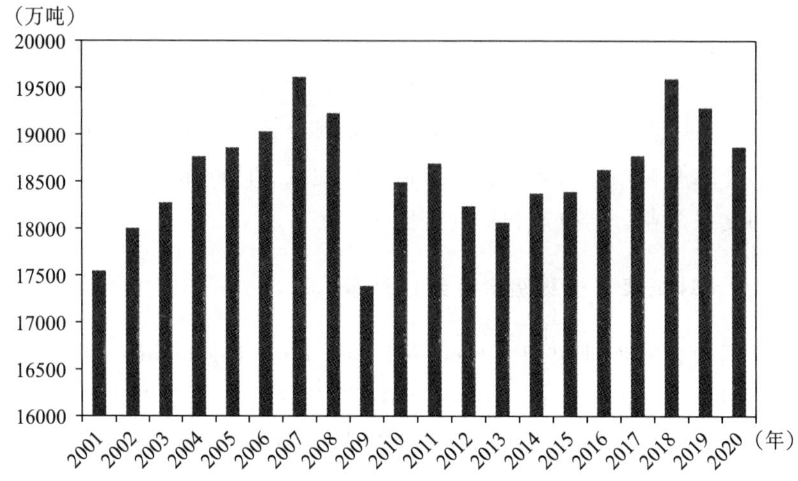

图 2-1 全球纸浆产量情况（2001—2020 年）

资料来源：FAO。

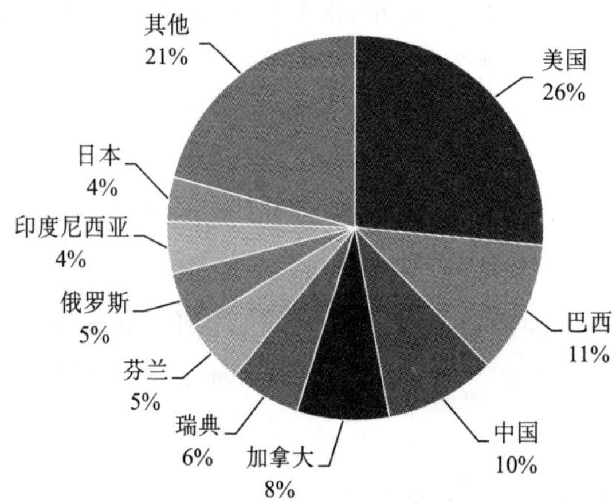

图 2-2 2020 年全球纸浆生产国分布

资料来源：FAO。

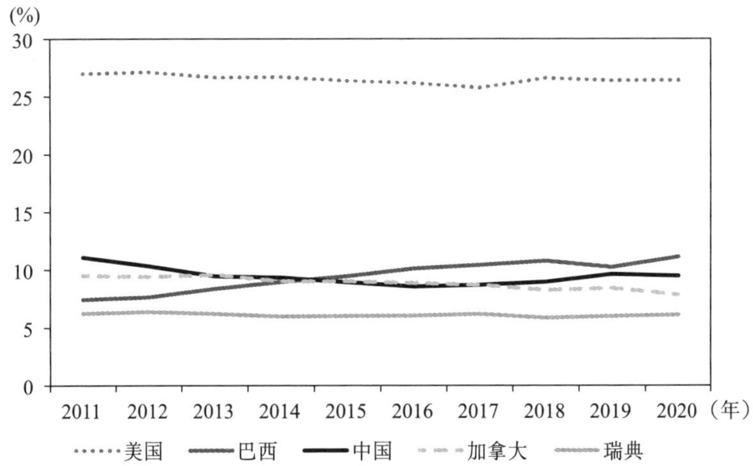

图 2-3 全球主要国家纸浆产量占比变化（2011—2020 年）

资料来源：FAO。

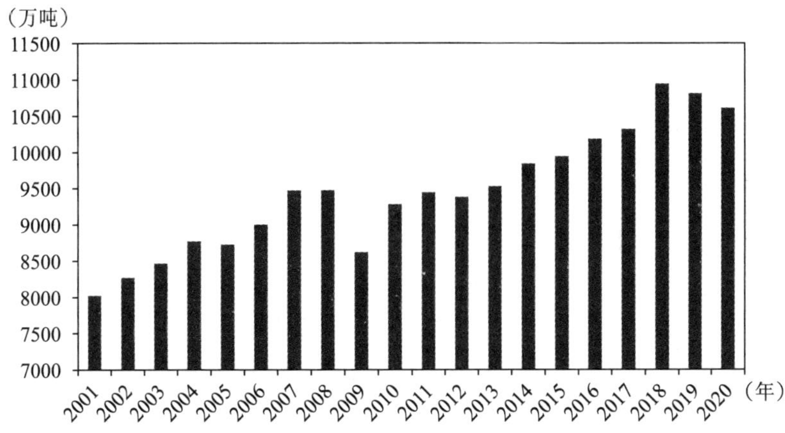

图 2-4 全球漂白硫酸盐木浆产量情况（2001—2020 年）

资料来源：FAO。

2020 年全球漂白硫酸盐木浆占到全球纸浆（造纸级原生浆）全年总产量的 56.2%，也印证了本书第一章节中提到的“硫酸盐法是目前重要的制浆方法”。

分国别来看，2020 年全球前五大漂白硫酸盐木浆生产国分别为美国、巴西、中国、印度尼西亚和加拿大，占比分别为20.5%、17.2%、8.4%、7.4%和7.3%（见图2-5）。前五大漂白硫酸盐木浆生产国产量占到全球全年总产量的60.7%。2011—2020年期间，美国漂白硫酸盐木浆产量占比逐年下滑，而巴西漂白硫酸盐木浆产量占比逐年增长（见图2-6）。

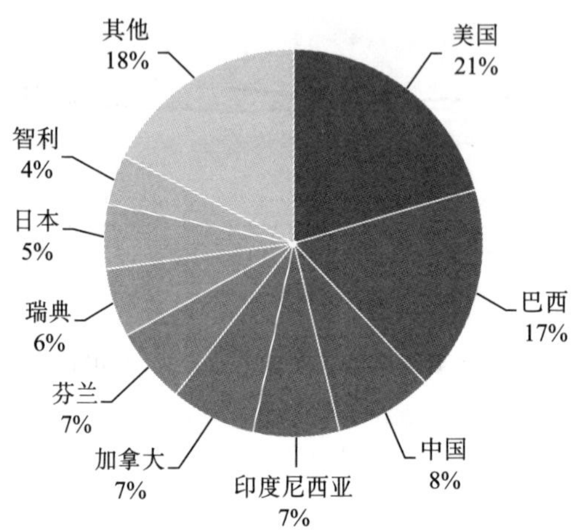

图2-5 2020年全球漂白硫酸盐木浆生产国分布

资料来源：FAO。

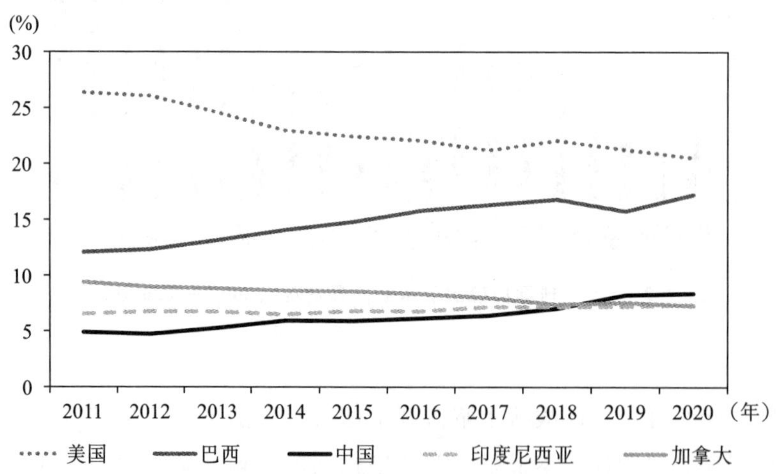

图2-6 全球主要国家漂白硫酸盐木浆产量占比变化（2011—2020年）

资料来源：FAO。

三、全球纸浆进口情况如何？

（一）全球纸浆（造纸级原生浆）进口量

FAO 的数据显示，全球纸浆（造纸级原生浆）进口量基本呈现逐年递增的趋势，近 3 年进口量稳定在 6200 万吨水平附近。2020 年全球纸浆进口量为 6185 万吨，同比下降 0.5%，较上年减少 30 万吨。2011—2020 年全球纸浆进口量年均增长率为 2.9%。2001—2020 年全球纸浆进口情况如图2－7所示。

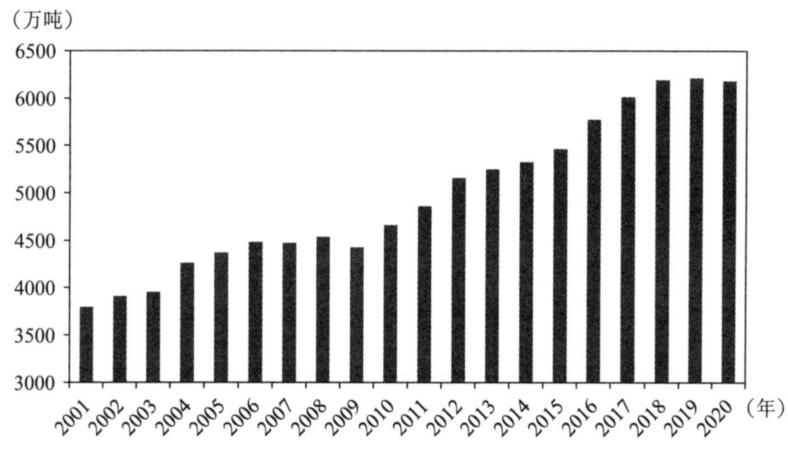

图 2－7　全球纸浆进口情况（2001—2020 年）

资料来源：FAO。

分国别来看，2020 年全球主要纸浆（造纸级原生浆）进口国分别为中国、美国、德国、意大利、韩国、法国和日本，进口量占比分别为 37.5%、8.9%、6.0%、5.3%、3.6%、2.8% 和 2.6%（见图 2－8）。其中前五大纸浆进口国进口量占到全球全年总进口量的 61.3%。中国是全球最大的纸浆进口国，2011—2020 年中国纸浆进口量占比逐年增长，其他国家进口量占比变化不大（见图 2 – 9）。

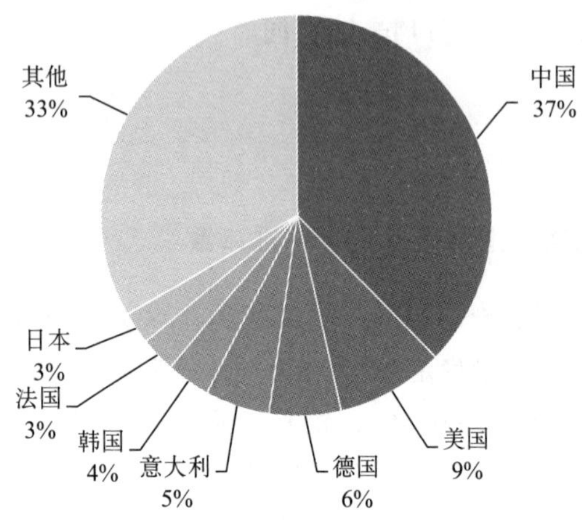

图 2 – 8 2020 年全球纸浆进口国分布

资料来源：FAO。

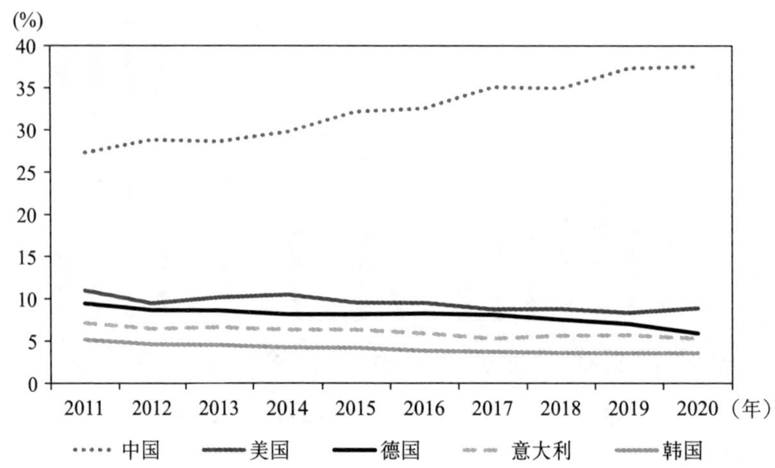

图 2 – 9 全球主要国家纸浆进口量占比变化（2011—2020 年）

资料来源：FAO。

（二）全球漂白硫酸盐木浆进口量

FAO 的数据显示，全球漂白硫酸盐木浆进口量基本呈现逐年递增的趋势，近 3 年进口量相对稳定。2020 年全球漂白硫酸盐木浆进口量为 5452 万吨，同比下降 0.2%，较上年减少 11 万吨。2011—2020 年全球纸浆进口量年均增长率为 3.3%。2020 年全球漂白硫酸盐木浆进口量占到全球纸浆（造纸级原生浆）总进口量的 88.2%。2001—2020 年全球漂白硫酸盐木浆进口情况如图 2-10 所示。

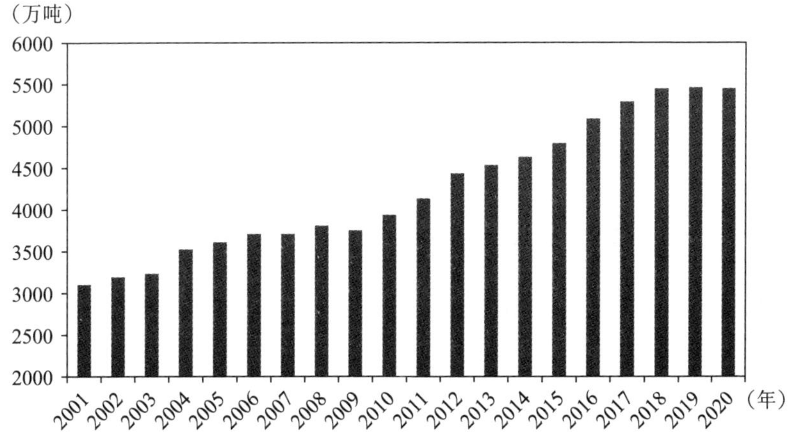

图 2-10　全球漂白硫酸盐木浆进口情况（2001—2020 年）

资料来源：FAO。

分国别来看，2020 年全球主要漂白硫酸盐木浆进口国分别为中国、美国、德国、意大利、韩国、法国和日本，进口量占比分别为 37.9%、9.1%、6.1%、5.7%、3.1%、3.0% 和 2.7%（见图 2-11）。其中前五大漂白硫酸盐木浆进口国进口量占到全球全年总进口量的 62.0%。中国是全球最大的木浆进口国，2011—2020 年中国木浆进口量占比逐年增长，其他国家进口量占比变化不大（见图 2-12）。

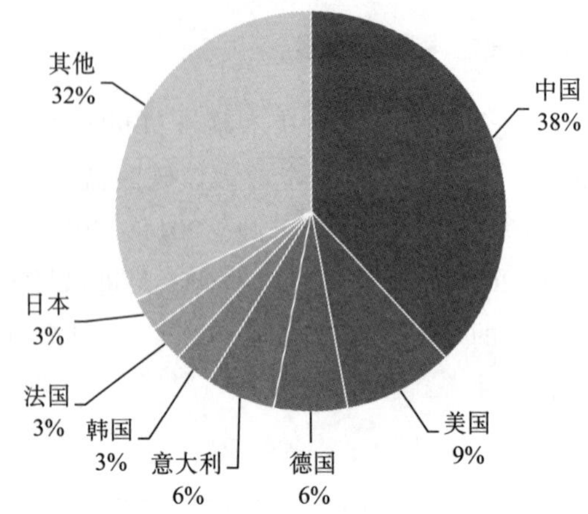

图 2－11　2020 年全球漂白硫酸盐木浆进口国分布

资料来源：FAO。

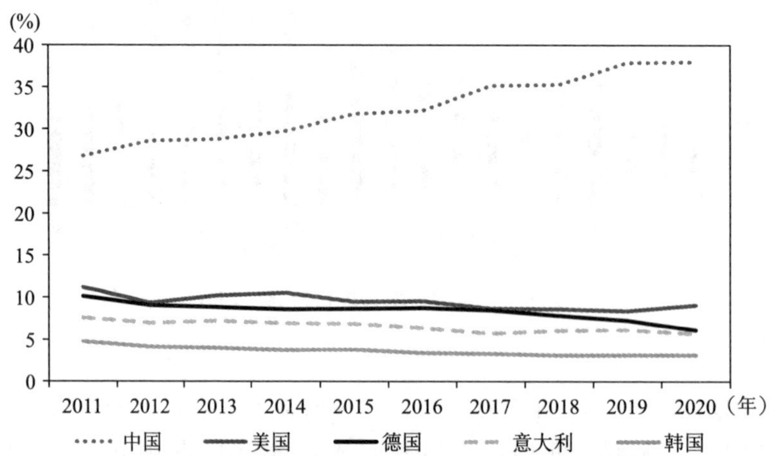

图 2－12　全球主要国家漂白硫酸盐木浆进口量占比变化（2011—2020 年）

资料来源：FAO。

四、全球纸浆出口情况如何？

（一）全球纸浆（造纸级原生浆）出口量

FAO 的数据显示，全球纸浆（造纸级原生浆）出口量基本呈现逐年递增的趋势，近两年出口量稳定在 6300 万吨水平附近。2020 年全球纸浆出口量为 6307 万吨，同比下降 0.3%，较上年减少 19 万吨。2011—2020 年全球纸浆出口量年均增长率为 2.5%。2001—2020 年全球纸浆出口情况如图 2－13 所示。

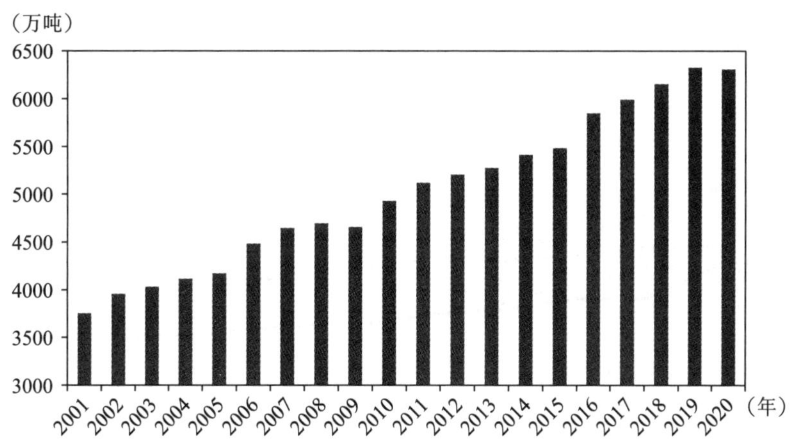

图 2－13　全球纸浆出口情况（2001—2020 年）

资料来源：FAO。

分国别来看，2020 年全球主要纸浆（造纸级原生浆）出口国分别为巴西、加拿大、美国、智利、印度尼西亚、芬兰、瑞典、乌拉圭和俄罗斯，出口量占比分别为 23.7%、13.7%、11.4%、7.5%、7.4%、6.5%、6.3%、4.1% 和 3.9%（见图 2－14）。其中前五大纸浆出口国出口量占到全球全年总出口量的63.7%。2011—2020年巴西纸浆出口量占比逐年增长，而加拿大和美国的纸浆出口量占比逐年下滑（见图2-15）。

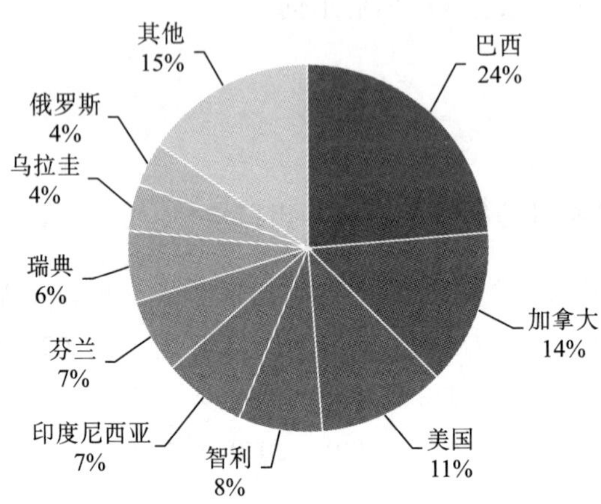

图2-14　2020年全球纸浆出口国分布

资料来源：FAO。

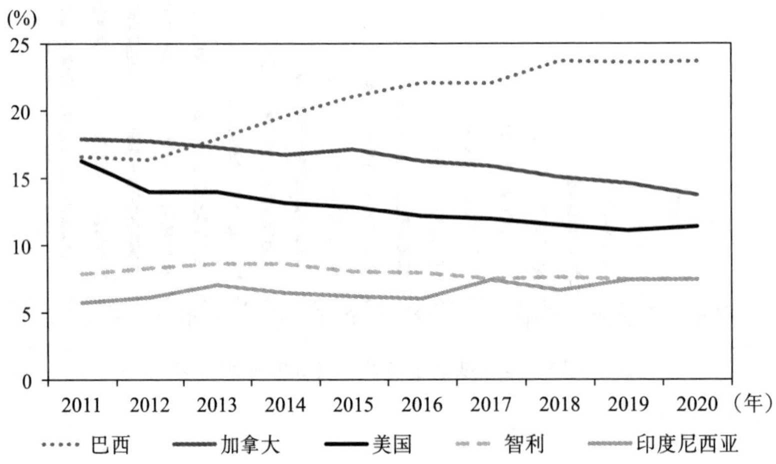

图2-15　全球主要国家纸浆出口量占比变化（2011—2020年）

资料来源：FAO。

（二）全球漂白硫酸盐木浆出口量

FAO 的数据显示，全球漂白硫酸盐木浆出口量逐年增长，近两年出口量相对稳定。2020 年全球漂白硫酸盐木浆出口量为 5571 万吨，同比下降 0.6%，较上年减少 32 万吨。2011—2020 年全球漂白硫酸盐木浆出口量年均增长率为 2.9%。2020 年全球漂白硫酸盐木浆出口量占到全球纸浆（造纸级原生浆）总出口量的 88.3%。2001—2020 年全球漂白硫酸盐木浆出口情况如图 2-16 所示。

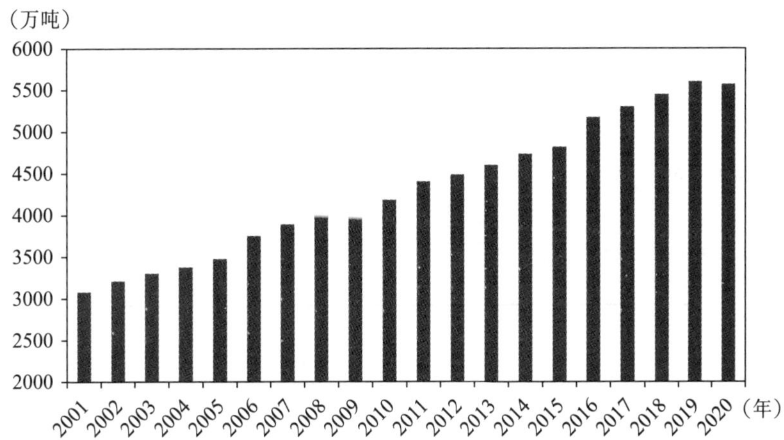

图 2-16　全球漂白硫酸盐木浆出口情况（2001—2020 年）

资料来源：FAO。

分国别来看，2020 年全球主要漂白硫酸盐木浆出口国分别为巴西、美国、加拿大、印度尼西亚、智利、芬兰、瑞典、乌拉圭和俄罗斯，出口量占比分别为 26.7%、11.8%、10.7%、8.3%、7.6%、6.6%、6.1%、4.7% 和 3.4%（见图 2-17）。其中前五大漂白硫酸盐木浆出口国出口量占到全球全年总出口量的 65.2%。2011—2020 年，巴西漂白硫酸盐木浆出口量占比逐年增长，而美国和加拿大的漂白硫酸盐木浆出口量占比逐年下滑（见图 2-18）。

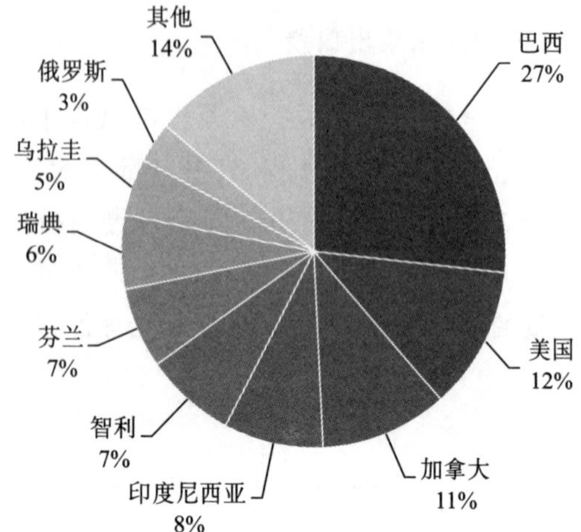

图 2-17　2020 年全球漂白硫酸盐木浆出口国分布

资料来源：FAO。

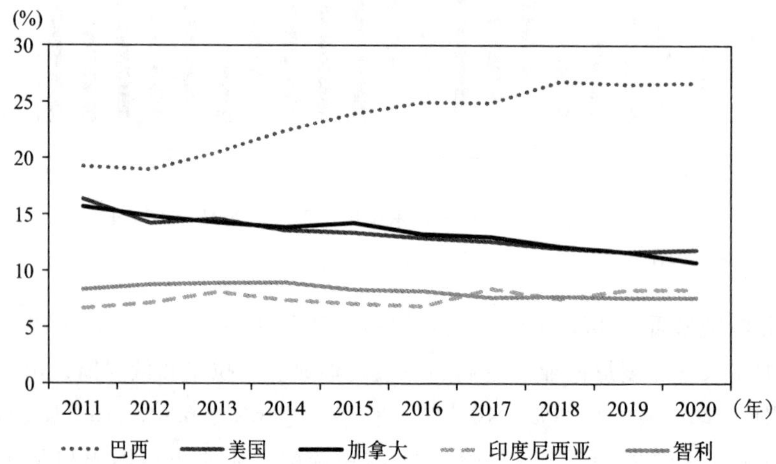

图 2-18　全球主要国家漂白硫酸盐木浆出口量占比变化（2011—2020 年）

资料来源：FAO。

五、全球纸及纸板生产情况如何?

FAO 的数据显示，2001—2008 年全球纸及纸板产量逐年增长。同样受到 2008 年金融危机影响，2009 年产量同比下降 4.9%。2010 年产量迅速恢复，2011—2020 年产量变化相对稳定，维持在 4 亿吨水平上下。这也是为什么全球纸浆产量从 2011 年开始变化相对稳定。2020 年全球纸及纸板产量为 4.01 亿吨，同比下降 1.0%，较上年减少 385 万吨。2011—2020 年全球纸及纸板产量年均增长率仅为 0.2%。2001—2020 年全球纸及纸板产量如图 2－19 所示。

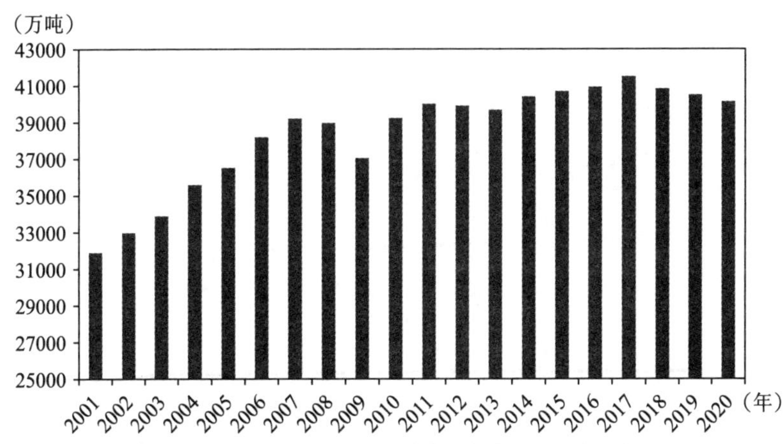

图 2－19　全球纸及纸板产量情况（2001—2020 年）

资料来源：FAO。

分国别来看，2020 年全球主要纸及纸板生产国分别为中国、美国、日本、德国、印度、韩国、印度尼西亚和巴西，产量占比分别为 28.2%、16.5%、5.7%、5.3%、4.3%、3.0%、3.0% 和 2.5%（见图 2－20）。其中前五大纸及纸板生产国产量占到全球全年总产量的 60.0%。中国是全球最大的纸浆消费国和最大的纸及纸板生产国，2011—2020 年中国纸及纸板产量占比逐年增长（见图 2－21）。

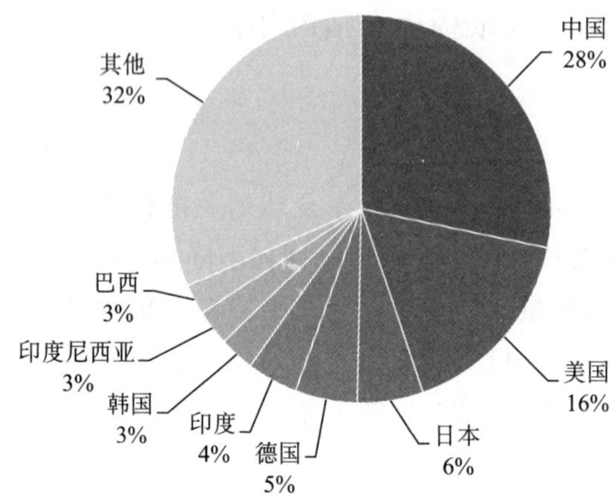

图 2－20　2020 年全球纸及纸板生产国分布

资料来源：FAO。

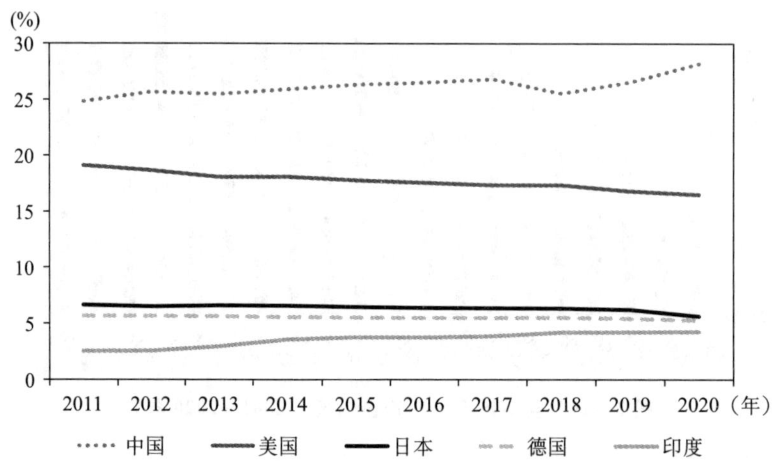

图 2－21　全球主要国家纸及纸板产量占比变化（2011—2020 年）

资料来源：FAO。

六、我国国产纸浆现状是怎么样的?

(一) 我国纸浆产量

中国造纸协会的数据显示，2002—2007 年全国纸浆（包括木浆、废纸浆和非木浆）产量年均增长率达到 10% 以上，随后几年产量增速逐年放缓，产量维持在 7000 万吨以上水平。受到环保政策影响，2018 年产量降幅明显，同比下降 9.4%。2019—2020 年产量小幅增加。2020 年全国纸浆产量为 7378 万吨，同比增长 2.4%，较上年增加 171 万吨。2011—2020 年全国纸浆产量年均增长率仅为 0.2%。2001—2020 年我国纸浆产量如图 2－22 所示。

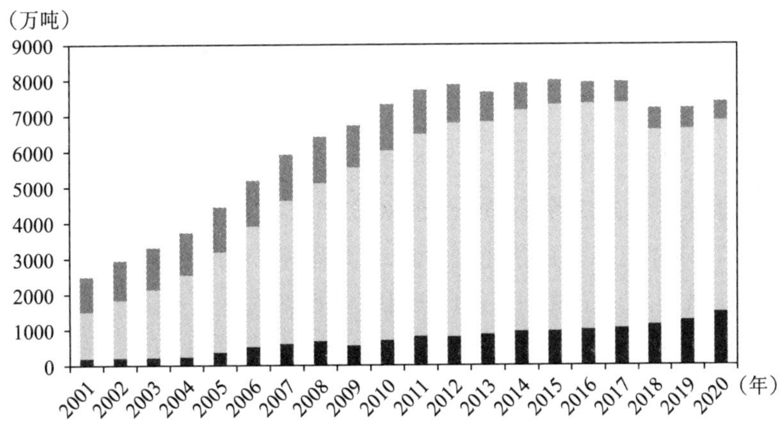

图 2－22　我国纸浆产量情况（2001—2020 年）

资料来源：中国造纸协会。

国产纸浆按照产量大小排列依次为废纸浆、木浆和非木浆。中国造纸协会的数据显示，2020 年废纸浆产量为 5363 万吨，同比增长 0.2%，占国产浆总产量的 72.7%；木浆产量为 1490 万吨，同比增长 17.5%，占国产浆总产量的 20.2%；非木浆产量为 525 万吨，同比增长 10.7%，占国产浆总产量的 7.1%（见图 2－23）。

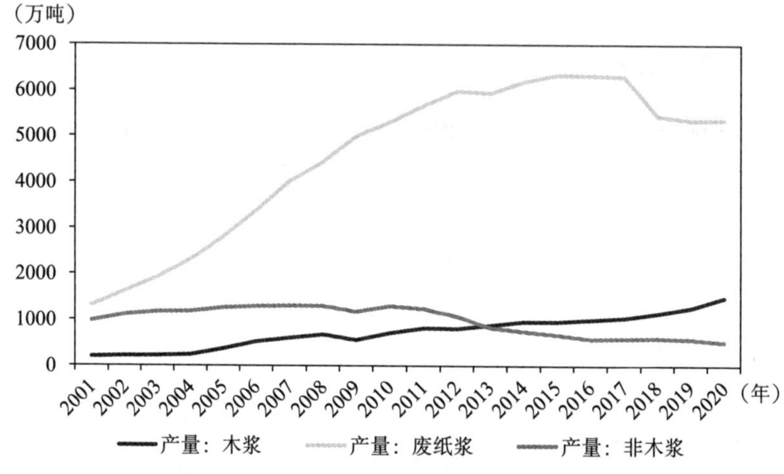

图 2－23 我国各个浆种产量变化（2001—2020 年）

资料来源：中国造纸协会。

一直以来我国国产浆以废纸浆为主，2015—2017 年国产废纸浆产量占到我国纸浆全年总产量的近 80%。但从 2018 年开始我国废纸进口政策持续收紧，到 2021 年已经全面禁止进口废纸。受到原料废纸紧缺影响，国产废纸浆产量出现断层式下滑，而进口废纸浆开始增加。非木浆产量占比逐年下滑。木浆产量和产量占比均逐年增长，2020 年产量占比更是突破 20%（见图 2－24）。

（二）我国木浆产量

我国国产木浆主要包括阔叶木浆和化机浆。中国造纸协会的数据显示，我国国产木浆（不包含溶解浆，指造纸级木浆）产量除了 2009 年降幅较为明显，一直以来产量维持高增长。2016 年产量突破 1000 万吨。近几年规模造纸企业积极布局“林—浆—纸”一体化项目，2018—2020 年国产木浆产量增幅逐年扩大。2020 年国产木浆产量达 1490 万吨，创下历史新高，同比增长 17.5%，较上年增加 222 万吨。2011—2020 年全国木浆产量年均增长率为 7.8%。2001—2020 年我国木浆产量如图 2-25 所示。

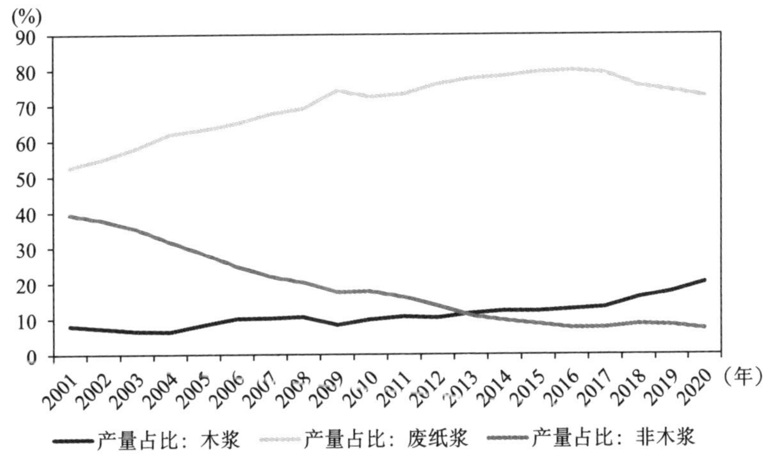

图 2-24　我国各个浆种产量占比变化（2001—2020 年）

资料来源：中国造纸协会。

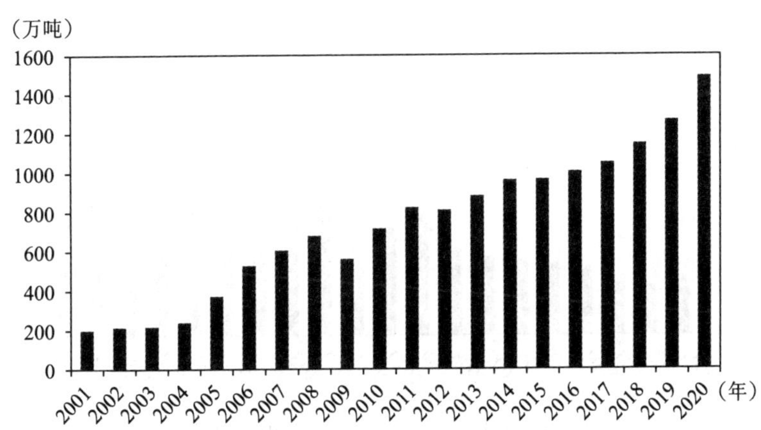

图 2-25　我国木浆产量情况（2001—2020 年）

资料来源：中国造纸协会。

七、我国纸浆进口情况如何?

(一) 我国纸浆进口量

我国是全球最大的纸及纸板生产国，也是最大的纸浆进口国。我国纸浆长期依赖于进口，而纸浆出口基本可以忽略。

海关总署的数据显示，我国纸浆（包括漂针浆、漂阔浆、本色浆、化机浆、溶解浆及其他）进口量逐年增长。2009 年我国纸浆进口量突破 1000 万吨。到 2016 年，进口量突破 2000 万吨。2020 年我国纸浆进口量大幅增加并顺利突破 3000 万吨，达到 3063 万吨，创下历史新高，同比增长 12.7%，较上年增加 345 万吨。2011—2020 年我国纸浆进口量年均增长率为 10.6%。2001—2020 年我国纸浆进口情况如图 2-26 所示。

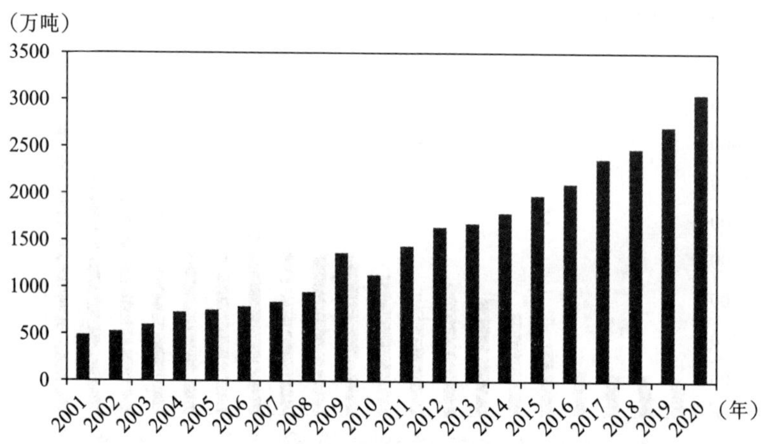

图 2-26 我国纸浆进口情况（2001—2020 年）

资料来源：海关总署。

（二）我国漂针浆进口量

细分品种来看，我国漂针浆高度依赖于进口，漂针浆进口依存度高达95%以上。

海关总署的数据显示，我国漂针浆（税号47032100）进口量在2015年以前基本呈逐年递增的趋势。2016—2018年进口量相对稳定，在800万吨水平上下。2019年进口量大幅增长12.1%，达到891万吨。2020年我国漂针浆进口量与2019年基本持平，为886万吨，同比下降0.5%，较上年减少5万吨。2020年我国漂针浆进口量占到我国纸浆总进口量的28.9%。2011—2020年我国漂针浆进口量年均增长率为9.0%。2006—2020年我国漂针浆进口情况如图2-27所示。

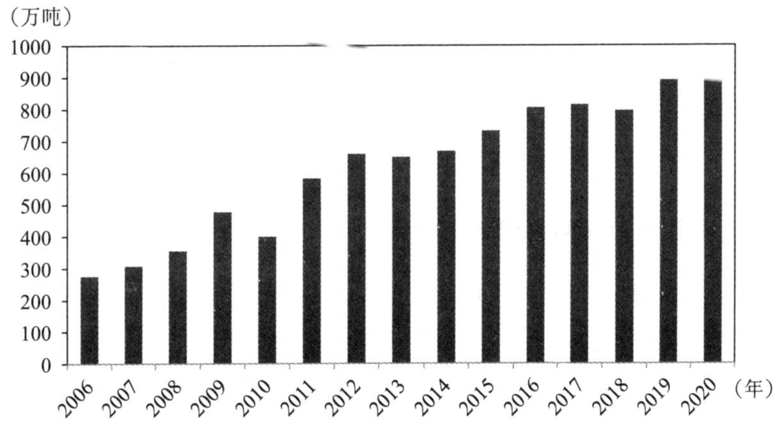

图2-27　我国漂针浆进口情况（2006—2020年）

资料来源：海关总署。

（三）我国漂阔浆进口量

海关总署的数据显示，我国漂阔浆（税号47032900）进口量逐年增长。2017年进口量大增25.6%，突破1000万吨。2020年我国漂阔浆进口量为1375万吨，同比增长16.7%，较上年增加197万吨。2020年我国漂阔浆进口量占到我国纸浆总进口量的44.9%。2020年我国纸浆进口量的增量主要来自阔叶木浆。2011—2020年我国漂阔浆进口量年均增长率为12.2%。2006—2020年我国漂阔浆进口情况如图2-28所示。

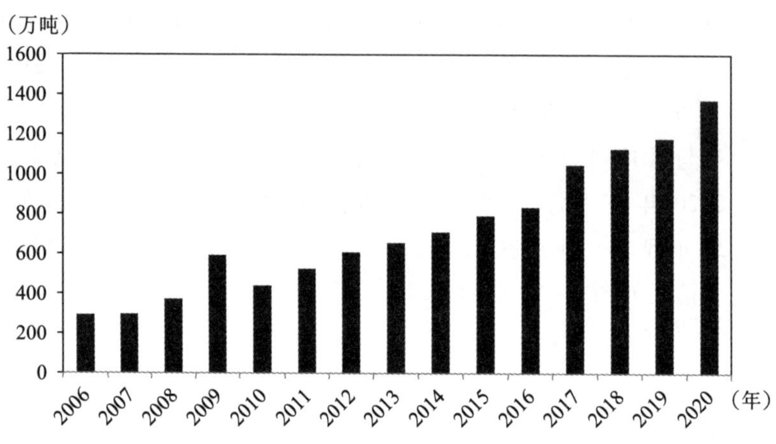

图2-28 我国漂阔浆进口情况(2006—2020年)

资料来源:海关总署。

(四)我国漂针浆与漂阔浆进口量对比

从近5年的数据来看,2016—2020年我国漂针浆与漂阔浆进口量年均增长率分别为4.1%和12.0%,漂针浆进口量基本持稳,而漂阔浆进口量逐年增加(见图2-29)。同时,漂针浆与漂阔浆进口量的比值由最初的0.9—1.0下降至0.6—0.7(见图2-30),表明我国漂针浆与漂阔浆的进口出现了明显分化。在分析纸浆进口数据时,除了关注总量数据,更应该关注细分浆种的供应结构。

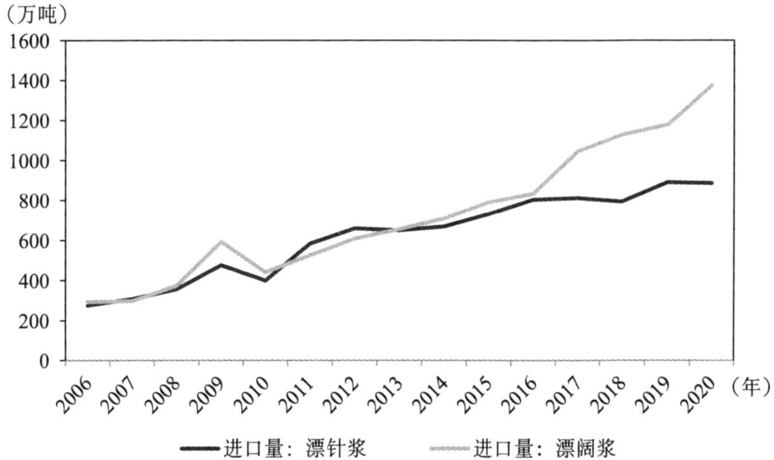

图 2－29　我国漂针浆与漂阔浆进口量对比（2006—2020 年）

资料来源：海关总署。

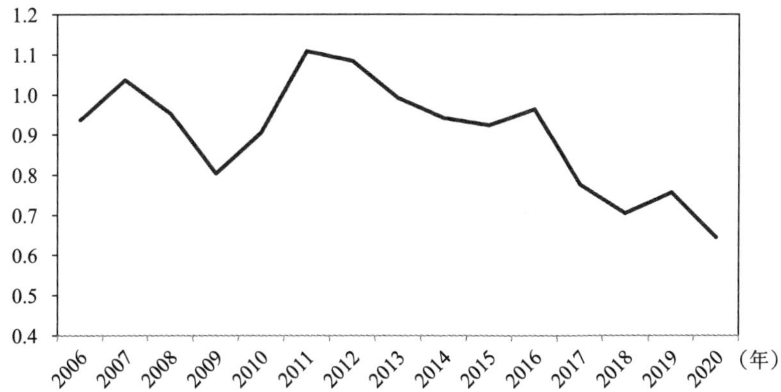

图 2－30　我国漂针浆与漂阔浆进口量比值变化（2006—2020 年）

资料来源：海关总署。

八、我国主要的纸浆进口来源国有哪些?

(一) 我国漂针浆进口来源国

海关总署的数据显示，2020 年我国漂针浆进口来源国分别为加拿大、芬兰、美国、智利、俄罗斯和瑞典，进口量占比分别为 27.1%、16.6%、16.5%、13.7%、13.0% 和 4.9%（见图 2 - 31）。这六大漂针浆进口来源国进口量占到我国全年漂针浆总进口量的 91.9%。

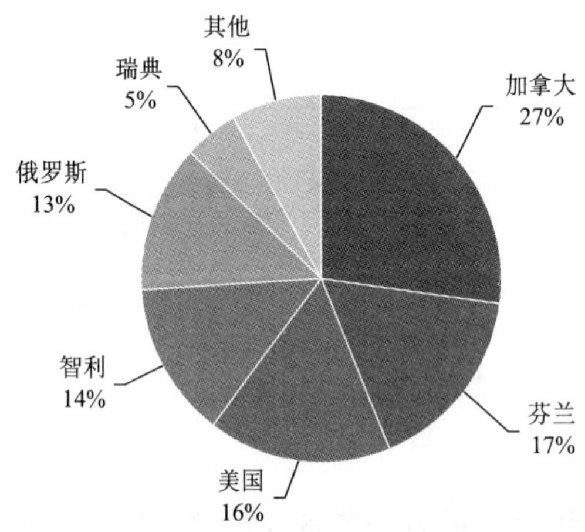

图 2 - 31　2020 年我国漂针浆进口来源国分布

资料来源：海关总署。

2011—2020 年，我国进口自加拿大的漂针浆虽然总量保持平稳但占比逐年下滑，而进口自欧洲地区的漂针浆进口量占比则逐年增长（见图 2 - 32 和图 2 - 33）。

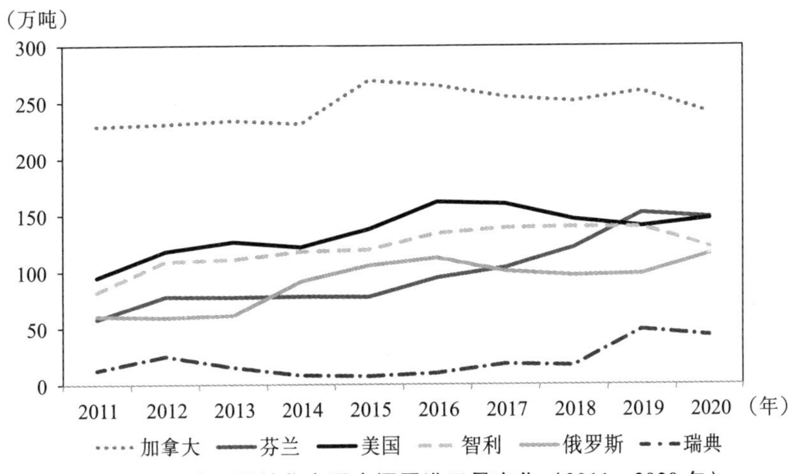

图 2－32　我国漂针浆主要来源国进口量变化（2011—2020 年）

资料来源：海关总署。

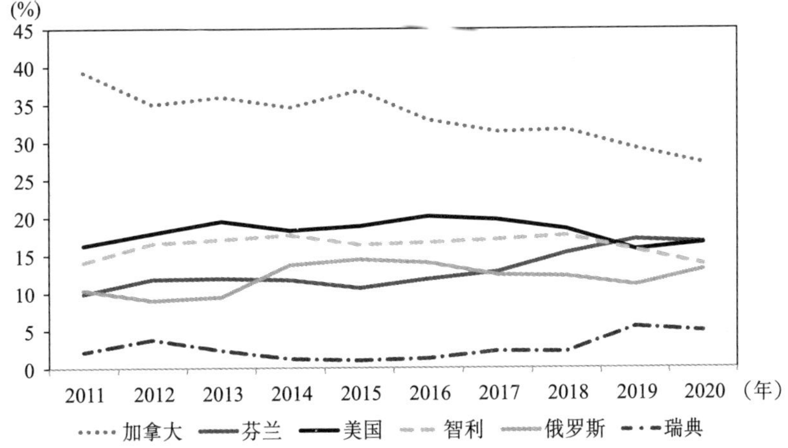

图 2－33　我国漂针浆主要来源国进口量占比变化（2011—2020 年）

资料来源：海关总署。

（二）我国漂阔浆进口来源国

海关总署的数据显示，2020 年我国漂阔浆进口来源国分别为巴西、印度尼西亚、智利、乌拉圭、加拿大和俄罗斯，进口量占比分别为 51.2%、25.4%、7.7%、6.2%、2.6%和 1.3%（见图 2－34）。这六大漂阔浆进口来源国进口量占到我国全年漂阔浆总进口量的 94.4%。

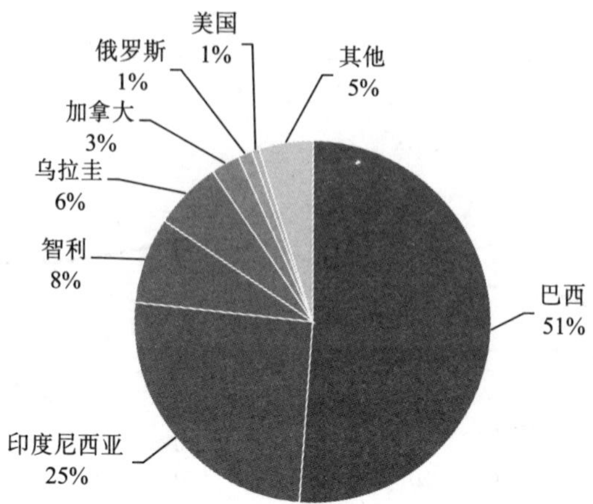

图 2-34　2020 年我国漂阔浆进口来源国情况

资料来源：海关总署。

2011—2020 年，分国别的漂阔浆进口量最明显的变化在于巴西。我国进口自巴西的漂阔浆进口量逐年增长，进口量从每年不到 200 万吨，到 2020 年突破 700 万吨（见图 2-35）。进口自巴西的漂阔浆进口量占比也从最初的不到 40%，提高到 50% 以上（见图 2-36）。

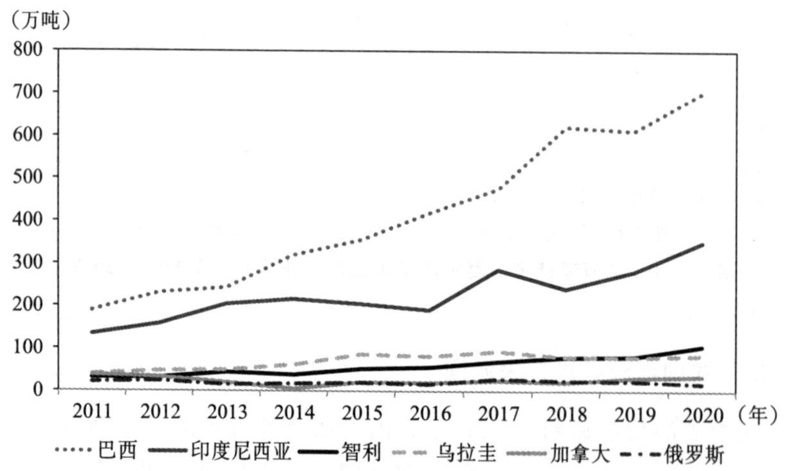

图 2-35　我国漂阔浆主要来源国进口量变化（2011—2020 年）

资料来源：海关总署。

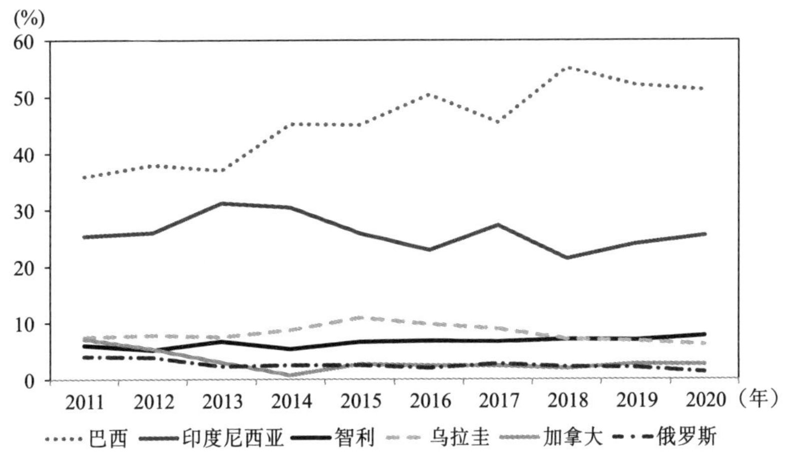

图 2-36 我国漂阔浆主要来源国进口量占比变化（2011—2020 年）

资料来源：海关总署。

九、我国纸浆需求情况如何？

（一）我国纸浆消耗量

我国是全球最大的纸浆消费国，纸浆的消耗量变化与产量变化基本一致。中国造纸协会的数据显示，2002—2007 年全国纸浆（包括木浆、废纸浆和非木浆）消耗量年均增长率达到 10% 以上，随后几年增速逐年放缓。从 2011 年开始，纸浆消耗量维持在 0.9 亿—1.0 亿吨水平。2020 年全国纸浆消耗量创下历史新高，达到 10200 万吨，同比增长 5.3%，较上年增加 511 万吨。2011—2020 年全国纸浆消耗量年均增长率为 2.0%，高于产量年均增长率（0.2%）。2001—2020 年我国纸浆历年产销对比如图 2-37 所示。

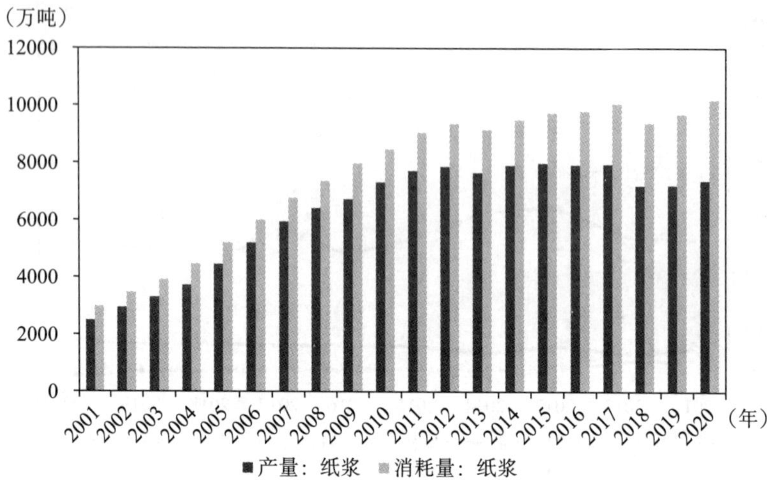

图 2－37 我国纸浆历年产销对比（2001—2020 年）

资料来源：中国造纸协会。

我国纸浆按照消耗量大小排列依次为废纸浆、木浆和非木浆。中国造纸协会的数据显示，2020 年废纸浆消耗量 5632 万吨，同比增长 2.0%，占纸浆总消耗量的 55%；木浆消耗量为 4046 万吨，同比增长 13.0%，占纸浆总消耗量的 40%；非木浆消耗量为 522 万吨，同比下降 10.8%，占纸浆总消耗量的 5%（见表 2－2）。需要注意的是，随着废纸进口政策持续收紧，2020 年进口废纸浆消耗量同比增长 1.7 倍。

表 2－2　　2020 年我国纸浆消耗情况

品种	2019 年（万吨）	占比例（%）	2020 年（万吨）	占比例（%）	同比（%）
总量	9689	100	10200	100	5.3
1. 木浆	3581	37	4046	40	13.0
1.1 进口木浆	2317	24	2556	25	10.3
1.2 国产木浆	1264	13	1490	15	17.9
2. 废纸浆	5523	57	5632	55	2.0
2.1 进口废纸浆	92	1	249	2	170.7
2.2 国产废纸浆	5431	56	5383	53	－0.9

续表

品种	2019 年（万吨）	占比例（%）	2020 年（万吨）	占比例（%）	同比（%）
2.2.1 进口废纸制浆	930	10	620	6	-33.3
2.2.2 国内废纸制浆	4501	46	4763	47	5.8
3. 非木浆	585	6	522	5	-10.8

注：①2019 年进口木浆消耗量：2019 年进口纸浆 2720 万吨，扣除非造纸用浆和非木浆，实际木浆消耗量 2317 万吨；②2020 年进口木浆消耗量：2020 年进口纸浆 3063 万吨，扣除非造纸用浆和非木浆，实际木浆消耗量 2556 万吨。

资料来源：中国造纸协会。

2011—2020 年我国纸浆历年消耗情况如图 2-38 所示。分具体浆种来看，2017 年及以前废纸浆占到我国纸浆全年消耗总量的 60%—65%。随着我国废纸进口政策持续收紧，废纸浆消耗量占比不断下滑，2020 年占比下滑至 55%。非木浆消耗量占比同样逐年下滑。木浆消耗量和消耗量占比均逐年增长，2020 年消耗量占比接近 40%（见图 2-39）。

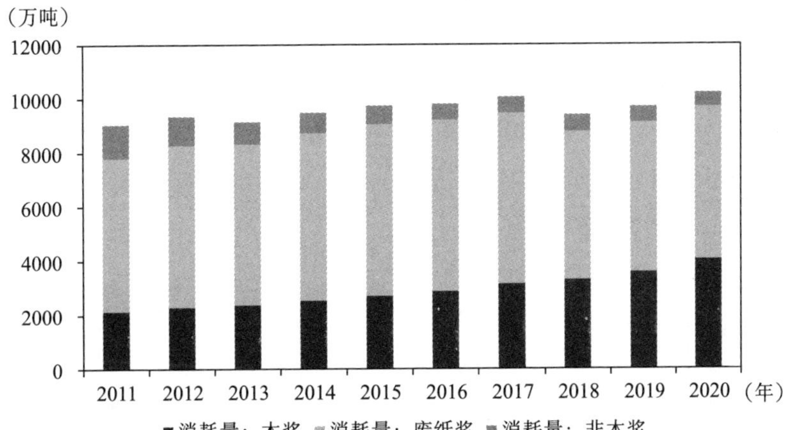

图 2-38 我国纸浆历年消耗情况（2011—2020 年）

资料来源：中国造纸协会。

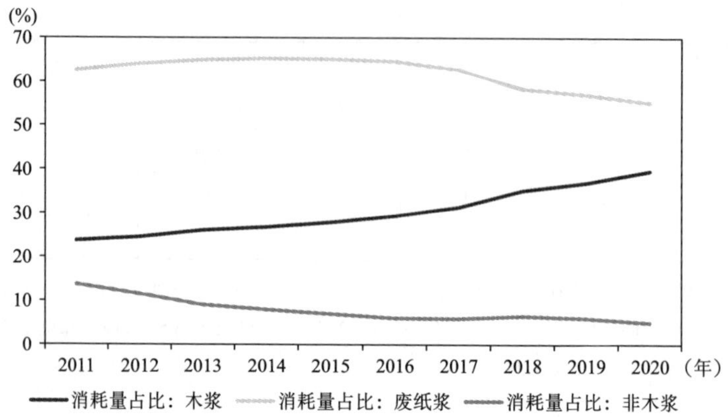

图 2－39 我国各个浆种消耗量占比变化（2011—2020 年）

资料来源：中国造纸协会。

（二）我国木浆消耗量

中国造纸协会的数据显示，全国木浆（不包含溶解浆，指造纸级木浆）消耗量逐年增长。2005 年全国木浆消耗量突破 1000 万吨，2011 年突破 2000 万吨，2017 年突破 3000 万吨。2020 年全国木浆消耗量突破 4000 万吨，达到 4046 万吨，同比增长 13.0%，较上年增加 465 万吨。2011—2020 年全国木浆消耗量年均增长率为 8.1%，高于产量年均增长率（7.8%）。2001—2020 年我国木浆历年产销对比如图 2－40 所示。

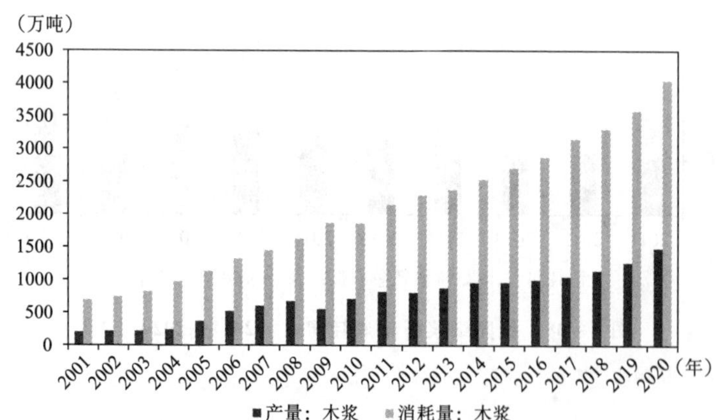

图 2－40 我国木浆历年产销对比（2001—2020 年）

资料来源：中国造纸协会。

我国木浆对外依存度较高，2020 年进口木浆消耗量 2556 万吨，同比增长 10.3%，占我国全年木浆总消耗量的 63%；国产木浆消耗量 1490 万吨，同比增长 17.9%，占我国木浆总消耗量的 37%。从进口木浆和国产木浆消耗量占比来看，两者占比变化相对稳定（见图 2－41）。

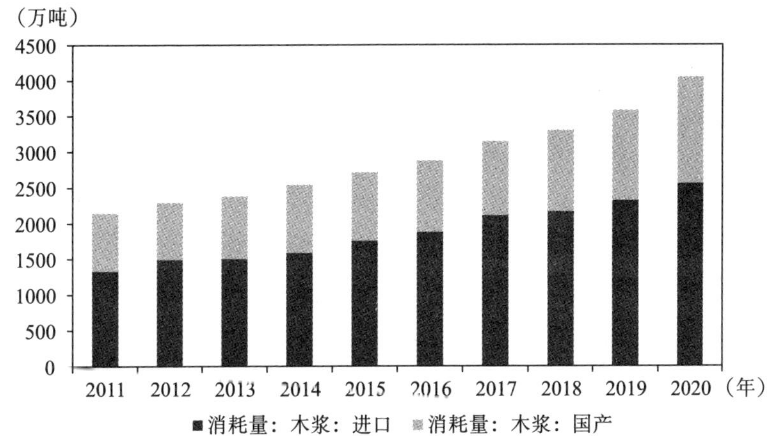

图 2－41　我国木浆历年消耗情况（2011—2020 年）

资料来源：中国造纸协会。

十、我国纸及纸板产销情况如何？

我国是全球最大的纸及纸板生产国和消费国，纸及纸板的产销变化与纸浆的产销变化基本同步。中国造纸协会的数据显示，2002—2007 年全国纸及纸板产销增速均达到 10% 以上，随后产销增速逐年放缓，近几年产销均维持在 1.0 亿—1.1 亿吨水平。2001—2020 年我国纸及纸板产销情况如图 2－42所示。

2020 年全国纸及纸板产量为 11260 万吨，同比增长 4.6%，较上年增加 495 万吨。2011—2020 年全国纸及纸板产量年均增长率为 1.4%。

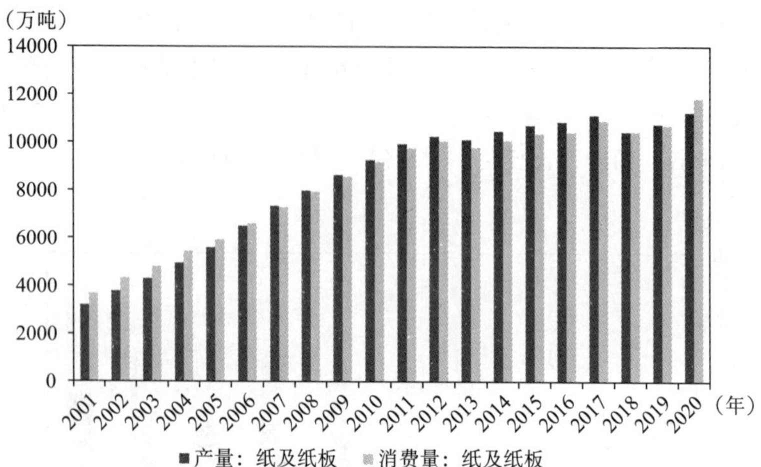

图 2-42 我国纸及纸板产销情况（2001—2020 年）

资料来源：中国造纸协会。

2020 年全国纸及纸消费量为 11827 万吨，创下历史新高，同比大幅增长 10.5%，较上年增加 1123 万吨。2011—2020 年全国纸及纸板消费量年均增长率为 2.2%。

不同的纸种对应不同的终端消费市场，因此纸种之间的产销变化不同。选取与木浆最有关联的 5 类纸种，分别是未涂布印刷书写纸、涂布印刷纸、白纸板、生活用纸和特种纸及纸板。各个纸种的产销情况如下。

（一）我国未涂布印刷书写纸产销

我国未涂布印刷书写纸产销在 2011 年以前均逐年增长，随后产销均维持在 1700 万吨水平上下。2020 年我国未涂布印刷书写纸产量为 1730 万吨，同比下降 2.8%；消费量为 1783 万吨，创下历史新高，同比增长 1.9%。2011—2020 年产量年均增长率为零，消费量年均增长率为 0.62%。2001—2020 年我国未涂布印刷书写纸产销情况如图 2-43 所示。

（二）我国涂布印刷纸产销

我国涂布印刷纸产销逐年增长，到 2012 年达到峰值，随后产销逐年缓慢下滑。2020 年涂布印刷纸产量为 640 万吨，同比下降 5.9%；消费量为

571 万吨，同比增长 5.4%。2011—2020 年产量年均增长率为 -1.38%，消费量年均增长率为 -0.53%。2001—2020 年我国涂布印刷纸产销情况如图 2-44 所示。

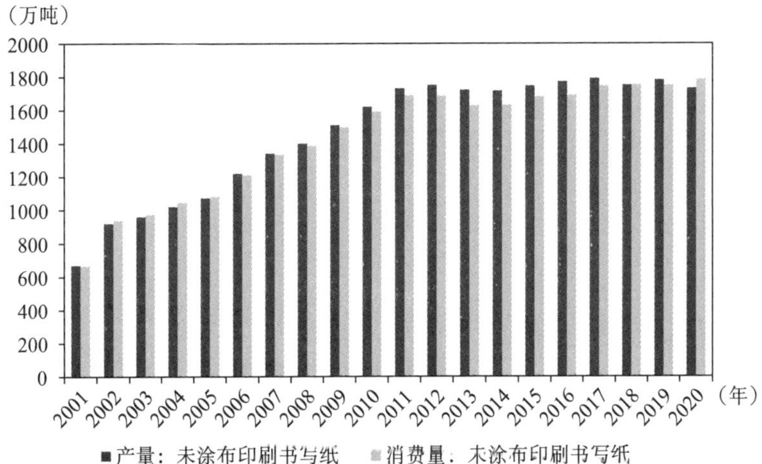

图 2-43 我国未涂布印刷书写纸产销情况（2001—2020 年）

资料来源：中国造纸协会。

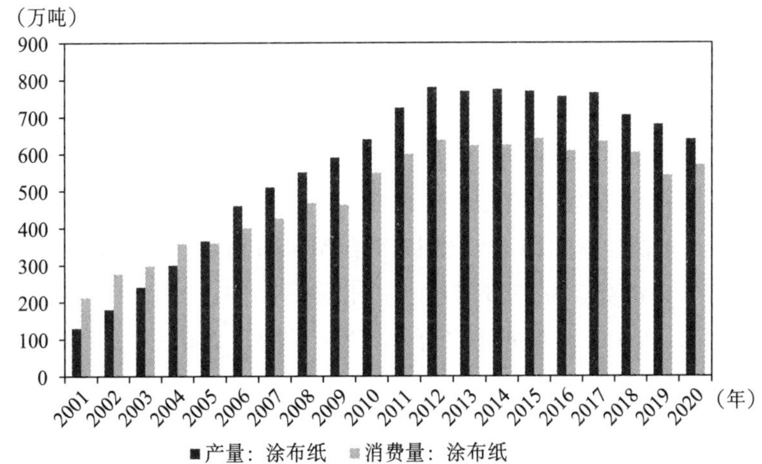

图 2-44 我国涂布印刷纸产销情况（2001—2020 年）

资料来源：中国造纸协会。

其中，我国铜版纸产销逐年增长，到2012年产量达到峰值，到2015年消费量达到峰值，随后产销逐年缓慢下滑。2020年铜版纸产量为600万吨，同比下降4.8%；消费量为556万吨，同比增长3.9%。2011—2020年产量年均增长率为－0.71%，消费量年均增长率为0.49%。2001—2020年我国铜版纸产销情况如图2－45所示。

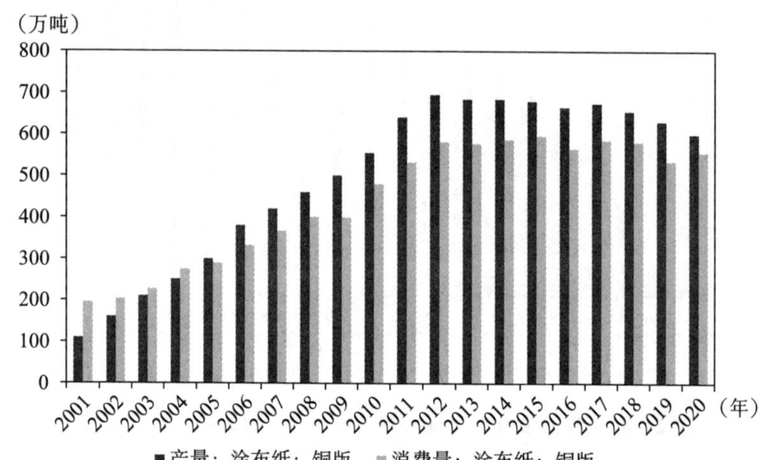

图2－45 我国铜版纸产销情况（2001—2020年）

资料来源：中国造纸协会。

（三）我国白纸板产销

我国白纸板产销逐年增长，到2013年产销增速开始放缓。2018年产销回落至近10年低位。2020年白纸板产量为1490万吨，创下历史新高，同比增长5.7%；消费量为1373万吨，同比增长7.5%。2011—2020年产量年均增长率为1.19%，消费量年均增长率为0.42%。2001—2020年我国白纸板产销情况如图2－46所示。

（四）我国生活用纸产销

我国生活用纸产销逐年增长，2020年产销均创下历史新高。2020年生活用纸产量为1080万吨，同比增长7.5%；消费量为996万吨，同比增长

7.1%。2011—2020 年产量年均增长率为 4.45%，消费量年均增长率为 4.43%。2001—2020 年我国生活用纸产销情况如图 2－47 所示。

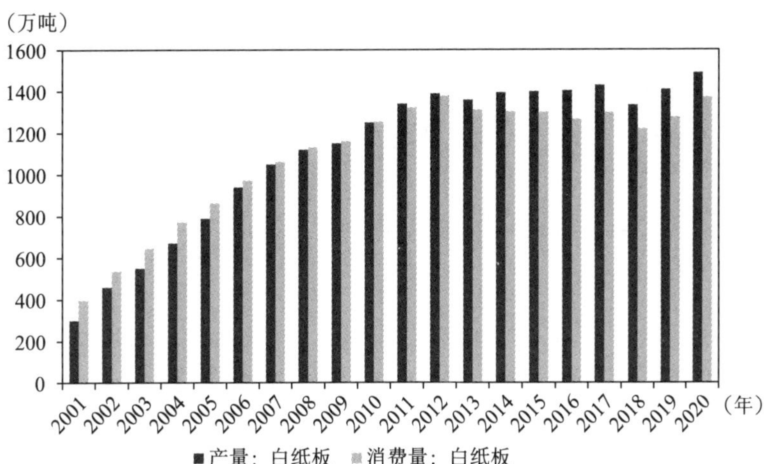

图 2－46　我国白纸板产销情况（2001—2020 年）

资料来源：中国造纸协会。

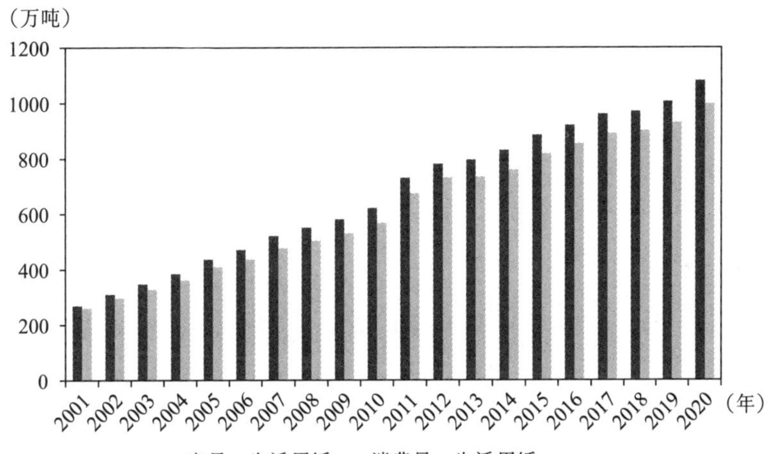

图 2－47　我国生活用纸产销情况（2001—2020 年）

资料来源：中国造纸协会。

(五) 我国特种纸及纸板产销

我国特种纸及纸板产销逐年增长，2020 年产销均创下历史新高。2020 年特种纸及纸板产量为 405 万吨，同比增长 6.6%；消费量为 330 万吨，同比增长 6.8%。2011—2020 年产量年均增长率为 7.57%，消费量年均增长率为 7.03%。2001—2020 年我国特种纸及纸板产销情况如图 2－48 所示。

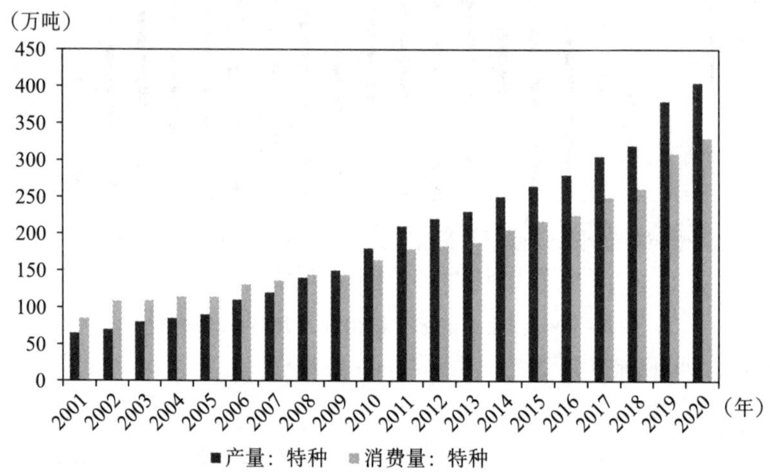

图 2－48 我国特种纸及纸板产销情况（2001—2020 年）

资料来源：中国造纸协会。

自测题

一、单项选择题

1. 以下关于纸浆供应的描述正确的是（ ）。

A. 针叶木浆的产能多集中在巴西、印度尼西亚、乌拉圭和智利等国家

B. 未来 5 年全球化学商品浆产能的增量主要来自阔叶木浆

C. 巴西漂白硫酸盐木浆产量占全球产量比重逐年下滑

D. 中国纸浆进口量占全球进口量比重维持不变

2. 以下关于我国纸浆格局的描述错误的是（　　）。

A. 我国是全球最大的纸及纸板生产国

B. 我国是全球最大的纸浆进口国

C. 我国是全球最大的漂白硫酸盐木浆生产国

D. 我国是全球最大的纸浆消费国

3. 以下（　　）国家不是我国漂针浆主要的进口来源国。

A. 加拿大

B. 智利

C. 芬兰

D. 印度尼西亚

4. 根据造纸协会的数据，2020 年全国纸浆产量为（　　）万吨。

A. 10200

B. 7378

C. 5363

D. 1490

5. 根据造纸协会的数据，2020 年全国纸浆消耗量为（　　）万吨。

A. 11260

B. 10200

C. 4046

D. 2556

二、判断题

1. 不同纸种的产销变化是一致的。（　　）

2. 我国木浆的对外依存度较高。（　　）

3. 2020 年我国进口自巴西的漂阔浆进口量占到漂阔浆全年进口量的一半。（　　）

4. 受新冠肺炎疫情影响，2020 年我国纸及纸板消费受挫。（　　）

5. 分析纸浆供需格局时不需要对纸浆的范畴进行界定。（　　）

参考答案

一、单项选择题

1. B　　2. C　　3. D　　4. B　　5. B

二、判断题

1. 错　　2. 对　　3. 对　　4. 错　　5. 错

第三章

影响纸浆价格的因素

本章要点

期货价格是期货合约的唯一变量，价格发现是期货市场的基本功能。价格分析的重要性也就不言而喻。本章主要介绍影响纸浆价格的主要因素，涉及成本因素、供给因素、需求因素、库存因素、宏观政策因素及意外事件等各个方面。详细总结在分析纸浆价格时可能面临的几个问题。同时，针对浆纸产业的热点问题“禁塑令”和“禁废令”进行讨论。通过本章对纸浆价格影响因素的总结概括，帮助投资者更好地理解纸浆价格。

一、影响木浆价格的主要因素有哪些?

期货价格是期货合约的唯一变量，价格发现是期货市场的基本功能。影响木浆价格的主要因素可以分为成本因素、供给因素、需求因素、库存因素、宏观政策因素及意外事件等几个方面。这些因素的相互作用组成了木浆价格波动规律。木浆价格影响因素如图 3－1 所示。

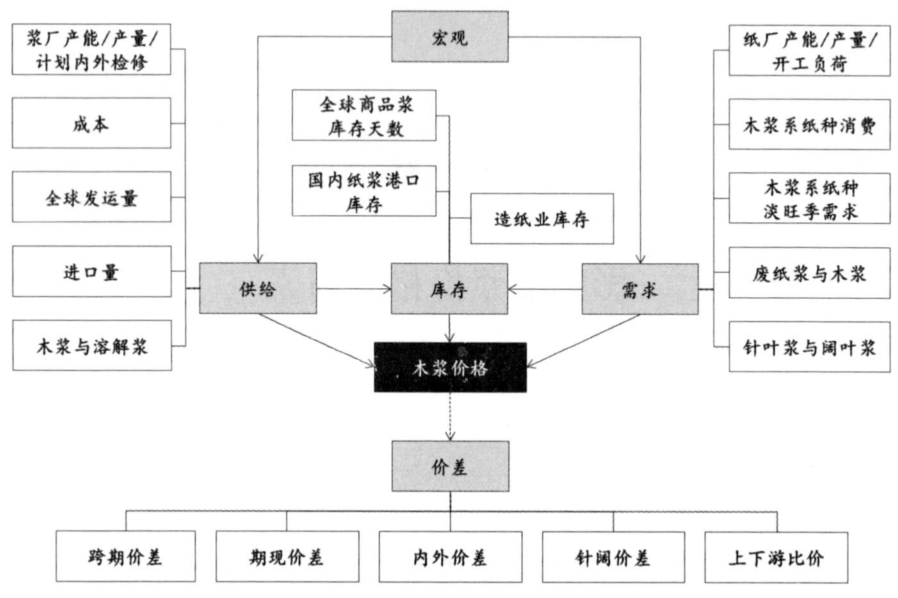

图 3－1　影响木浆价格的主要因素

（一）成本因素

木浆的总成本主要体现在木浆的生产成本和物流成本，具体包括原料成本（木材）、辅助原料（化学品）、能源动力、人工成本、汇率以及物流等方面。

生产成本是影响木浆总成本的主要因素，包括原料成本（木材）、辅助原料（化学品）、能源动力和人工成本等方面。

其中，原料木材是木浆生产成本的重要组成部分，原料木材占到木浆总成本的 40%—60%。但是一般情况下原料木材并不是影响木浆生产成本短期变化的主要因素，木浆生产成本的短期变化更多的源于辅助原料、能源动力和人工成本等方面。

不同国家和地区具有不同的成本，对于森林资源丰富的国家和地区，其

成本天然具有优势。当然，同一个国家和地区不同浆厂之间的成本也是有差异的。

（二）供给因素

供给是指在一定的时间和地点，在各种价格水平下卖方愿意并能够提供的产品数量。木浆的供给因素需要考虑成本因素、木浆产能变化、木浆产量情况、浆厂检修情况、纸浆发运量与进口量等方面。

木浆产能变化包括木浆产能的新增、关停和转换情况。木浆产量情况需要跟踪浆厂的检修进度。需要注意的是，产能和产量的变化都需要区分计划内和计划外。

纸浆发运量与进口量是纸浆供给因素中相对高频的指标。纸浆的发运量与进口量既受到汇率和贸易政策的影响，也受到纸浆需求的影响。纸浆发运量的数据来源于纸浆纸张产品理事会（The Pulp and Paper Products Council，PPPC），进口量的数据来源于海关总署。

（三）需求因素

需求是指在一定的时间和地点，在各种价格水平下买方愿意并有能力购买的产品数量。纸浆的需求因素包括纸浆消耗量、纸张产能变化、纸张产量情况、纸企开工负荷、木浆系纸种的消费及季节性、品种间的替代需求等方面。

其中，纸张产能变化包括纸张产能的新增、关停和转换情况。纸张产量方面，不同纸种的产量、产能利用率、开工负荷、季节性和消费结构均不同。因此，分析纸浆需求需要细化到具体的纸种。

品种间的替代需求则体现在木浆与废纸浆、针叶木浆与阔叶木浆。无论是分析木浆与废纸浆之间的关系，还是分析针叶木浆与阔叶木浆之间的影响，都需要考虑纤维原料之间使用配比的变化。由于“限塑令”和“禁废令”的实施，纤维原料的使用正在发生结构性变化。

（四）库存因素

理想状态下，当供给与需求相等时，此时库存为零。但实际情况是，供给与需求总是不匹配的，因此一定会存在供需缺口。库存正是供需关系的反映，体现在供不应求的补库行为，或者供大于求的去库行为。考虑到制浆造纸板块统计数据的精细度，目前库存的数据主要观察全球商品浆生产商库存天数、欧洲港口库存天数与库存量、国内港口纸浆库存量、造纸业库存等指标。

（五）宏观因素

宏观因素，既包括宏观形势和产业周期，也包括国家及产业政策，如经济周期、货币政策、财政政策、产业政策、技术升级等方面。宏观因素对纸浆供应的影响体现在我国与出口国的政治贸易关系、汇率波动等，对纸浆需求的影响则体现在产业发展、技术升级、消费增长、消费升级等方面。造纸产业既会受到经济周期和经济发展的影响，又会同步反映经济周期和经济发展。

（六）价差因素

纸浆的价格分析是绝对值的分析，而价格的高低以及合理性需要观察价差。价差分析是相对值的分析，分析的是价格之间的偏离关系。纸浆的价差主要包括跨期价差、期现价差、内外价差、针阔价差以及上下游产品比价等要素。价差的偏离和回归形成了价格的波动。

二、木浆的生产成本如何构成?

针叶树生长周期需要20—25年，阔叶树生长周期需要3—5年，原料树木的生长需要一定时间，短期内树木的生长变化并不大。

木浆基本上是木材的副产品。原木首先送到木材厂进行加工，其主干经过剥皮后用于生产锯木板、胶合板等板材。木材边角料切成木片，用于生产木浆。树皮、树枝则用于生物质发电。

木浆的主要原料以木材边角料为主，因此，虽然原料木材是木浆成本的重要组成部分，占到木浆总成本的40%—60%，但是一般情况下原料木材并不是影响木浆生产成本短期变化的主要因素，木浆生产成本的短期变化更多的源于辅助原料、能源动力和人工成本等方面。

延伸阅读

林业资源保护与造纸产业发展并不矛盾

造纸工业的发展离不开丰富的林业资源。一直以来，因为林业资源保护，出现了很多关于造纸产业的误会。林业资源保护与造纸产业发展并不矛盾，两者其实是相辅相成的。

首先，需要明确的是，制浆造纸采用的是速生人工林，而非原始森林。制浆造纸企业一边砍伐树木，同时一边更新种植树木，并且有严格的种植砍伐比例要求。

其次，木浆基本上是木材的副产品，主要原料以木材边角料为主。而木材的主干用于生产锯木板、胶合板等板材。树皮、树枝用于生物质发电。因此，木材得到充分的利用。只有在森林资源极其丰富的地区，才会将原木直接剥皮切片加工成纸浆。

造纸产业不但没有破坏森林，而且通过砍伐并更新种植树木，有效地吸收和固定更多的二氧化碳。老树只能固碳，无法吸收更多的碳。而积极科学的速生林管理，通过砍伐并更新种植树木，吸收碳的总量会更多。

另外，废纸通过回收再利用，生产瓦楞纸、白板纸等包装用纸，既可以替代一部分塑料产品，又有利于形成造纸产业可持续的闭环循环。

目前，越来越多的制浆造纸企业积极推进“林—浆—纸”一体化产业模式，将造纸产业链中的造林、制浆、造纸三个环节整合在一起，既解决了纤维原料问题，又实现了森林的绿色循环，形成了以纸养林、以林促纸、林浆纸协同发展的产业格局。

三、纸浆进口成本计算公式是什么?

由于漂针浆基本依赖于进口，关注进口成本的重要性也就不言而喻。由于不含进口关税，木浆进口成本包含外盘报价、汇率、增值税税率和港口费用。进口木浆外盘报价为CFR到岸价，已经包含运费等物流费用。增值税税率目前为13%。港口费用包括港务费、港建费、码头装卸费等，一般在50—80元/吨。木浆进口成本计算公式为：

木浆进口成本 = 木浆外盘报价CFR × 汇率 ×（1 + 增值税税率）+ 港口费用

木浆进口成本涉及项目如表3-1所示。

表3-1　木浆进口成本涉及项目

序号	名称	内容
1	进口纸浆外盘报价	CFR到岸价
2	增值税税率	13%
3	汇率	美元兑人民币汇率
4	港口费用	一般在50—80元/吨

资料来源：根据公开资料整理。

案例

木浆进口成本计算

进口木浆报价为CFR到岸价，以智利银星为例，2021年8月外盘报价（CFR）为860美元/吨，汇率为6.5，增值税税率为13%，港口费用按照80元/吨计算。

经计算，该月的银星进口成本（估值）为860×6.5×（1+13%）+80 = 6397（元/吨）。

四、纸浆发运量与到港量的关系是什么？

纸浆期货标的物为漂针浆，我国漂针浆基本依赖于进口。在纸浆基本面分析中，漂针浆的发货量和进口量是反映国内漂针浆供应量的两个重要指标，并且是相对高频的数据。

由于进口纸浆运输正常情况下需要一到三个月的船期，发货量与进口量存在一定的滞后关系。发货量表示当期的发运量和未来的到港量，进口量表示当期的到港量。因此，可以利用发货量预测进口量。例如，9 月的发运量体现的是 10—12 月的进口量。

但是由于不同国家和地区的船期是不同的，发运量和进口量不是一一对应的关系，某个月发运量的涨跌幅并不等于未来一到三个月进口量的涨跌幅。例如，若 9 月的发运量增加，意味的是 10—11 月的进口量大概率增加。

纸浆的发运量和进口量既反映国内纸浆的供应情况，也受到国内纸浆需求的影响。通常来说，国内纸浆需求向好，纸浆进口量也会同步增加。例如，2020 年我国纸浆进口量创下历史新高，同比增长 12.7%，而主要原因在于 2020 年我国纸浆消耗量同样创下历史新高，同比增长 5.3%。

五、如何描述纸浆的需求？

目前纸浆现有数据的采样频率低且精细度差，纸浆的数据分析有一定难度，而纸浆和纸张的种类又有很多，纸浆的需求分析可谓是难上加难。在有限的数据来源条件下，分析纸浆的需求可以从总量和分项两个角度入手。

从纸浆需求总量角度入手，纸浆需求可以参照国家统计局和中国造纸协会的数据。一方面，中国造纸协会在每年年中发布上一年度的纸浆总消耗量和纸及纸板总产量；另一方面，国家统计局每个月会发布机制纸及纸板的月度产量数据。通过以上几个总量数据，可以从宏观层面把握纸浆需求。

从纸浆需求分项角度入手，通过对单个纸种的产能、产量、产能利用率、开工负荷和季节性等变化进行分析，再结合单个纸种的原料配比，测算出微观层面的纸浆需求变化。

六、纸浆的需求存在季节性吗？

纸浆本身的季节性其实并不明显，但是纸张的生产和消费具有一定的季节性。

以纸浆为原料制成的纸张，按照用途可以分为文化用纸、包装用纸、生活用纸和特种纸四类纸产品。四类纸产品又有各自对应的终端消费市场。

文化用纸的下游市场是印刷业和出版业，用于印刷书籍课本、报纸杂志、画册画报。包装用纸的下游市场是各行业产成品的包装需求和快递物流。生活用纸已经接近其最终消费品，直接面向消费者。特种纸的下游细分市场则更加广泛。

文化用纸方面，各个细分文化纸的淡旺季情况有所不同，如表 3－2 所示。首先，铜版纸主要包括单铜纸和双铜纸。3—6 月为啤酒旺季，10—11 月为白酒旺季，3—5 月和 10—12 月为香烟旺季，用于制作酒标、烟包的单铜纸需求增加。3—4 月春季展销会较多，9—12 月中秋和春节节日促销需要大量印制广告及传单，用于印刷画册、画报的双铜纸需求增加。对于双胶纸来说，3—5 月学生秋季教材备货，9—12 月学生春季教材备货，催生大量双胶纸需求。所以文化纸行业旺季在每年的 3—6 月和 9—12 月。

包装用纸方面，我国快递业务量每年呈前低后高态势，在年初春节月份低，随后逐月上升。由于“双 11”“双 12”网购促销活动，快递业务量在四季度达到全年高值。同时中秋和春节前为包装用纸的传统需求旺季。因

此，每年 9—12 月为包装用纸的需求旺季。

生活用纸方面，生活用纸消费虽然全年没有明显淡旺季，但节日促销会带动部分消费，提高产业链企业备货的积极性。

综合来看，木浆系纸种的旺季在 3—6 月和 9—12 月，并且秋季旺季一般要强于春季旺季。正是纸张的生产和消费具有一定的季节性，通常情况下，当旺季来临时造纸企业会提前做好原材料备货，当步入淡季时造纸企业原料采购会以刚需采购为主。

表 3－2　　文化纸的旺季分布情况

品种		1 月	2 月	3 月	4 月	5 月	6 月	7 月	8 月	9 月	10 月	11 月	12 月
铜版纸	单铜纸（酒标）			啤酒旺季							白酒旺季		
	单铜纸（烟包）			香烟旺季							香烟旺季		
	双铜纸			展销会						节日促销宣传			
双胶纸				秋季教材备货						春季教材备货			

资料来源：根据公开资料整理。

七、为什么库存可以反映供需关系？

理想状态下，当供给与需求相等时，此时库存为零。但实际情况是，供给与需求总是不匹配的，企业对需求的响应天然具有滞后性，因此供需一定会存在供需缺口。库存正是供需关系的反映，是供需共同作用得到的，体现在供不应求的补库行为，或者供大于求的去库行为。

八、如何理解“限塑令”和“禁废令”？

首先需要明确“限塑令”和“禁废令”政策实施的关键时间点。

对于“限塑令”，2020 年 1 月，国家发改委、生态环境部印发的《关于进一步加强塑料污染治理的意见》，分为 2020 年、2022 年、2025 年 3 个时间段，明确了加强塑料污染治理分阶段的任务目标。

对于“禁废令”，2018 年 6 月，国务院公布《中共中央国务院关于全面加强生态环境保护坚决打好污染防治攻坚战的意见》，提出“强化固体废物污染防治，全面禁止洋垃圾入境，严厉打击走私，大幅减少固体废物进口种类和数量，力争 2020 年年底前基本实现固体废物零进口”。2020 年 11 月，生态环境部、商务部、国家发改委、海关总署发布《关于全面禁止进口固体废物有关事项的公告》，自 2021 年 1 月 1 日起，禁止以任何方式进口固体废物。

从 2020 年下半年开始，“限塑令”和“禁废令”便引发市场广泛讨论，直到 2021 年 1 月政策全面落地。如何理解“限塑令”和“禁废令”对浆纸产业产生的影响，其实需要回归浆纸产业的本质，那就是纤维原料。

如图 3－2 所示，“限塑令”禁止的是不可降解塑料，除了大力推广可降解塑料，部分塑料包装可以采用以纸代塑，这意味着带动包装用纸替代需求的增加。而包装用纸既有以木浆为原料的白卡纸，又有以废纸浆为原料的箱板纸、瓦楞纸和白板纸。因此，“限塑令”会促进木浆和废纸浆的需求增长。

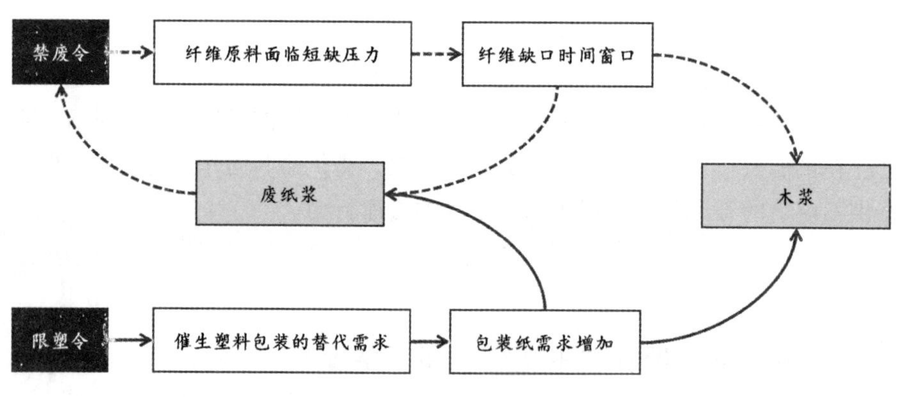

图 3－2　“限塑令”与“禁废令”下的纤维原料思考

同时，我国是废纸回收和消费大国，2018 年开始我国废纸进口政策持

续收紧，到2021年已经全面禁止进口废纸。受到原料废纸紧缺影响，国产废纸浆产量出现断层式下滑。

通过进口再生浆、进口纸、国内废纸制浆、低端白卡纸替代灰底白板纸，缓解了废纸系纤维原料短缺的部分压力，但废纸系仍有纤维缺口。中国造纸协会的数据显示，废纸浆消耗量占比不断下滑，木浆消耗量和消耗量占比均逐年增长。因此，“禁废令”增加了部分木浆和非木浆的需求。

综合来看，由于“限塑令”和“禁废令”的实施，纤维原料的使用正在发生结构性变化。

九、为什么分析纸浆要进行宏观分析？

造纸产业作为重要的基础原材料产业，与国民经济和社会发展关系密切，被称为“社会和经济晴雨表”。纸及纸制品广泛地运用在文化传播、印刷宣传、物流包装、工业生产和医药卫生等方方面面。

宏观因素，既包括宏观形势和产业周期，也包括国家及产业政策，如经济周期、货币政策、财政政策、产业政策、技术升级等方面。宏观因素对供应的影响体现在我国与出口国的政治贸易关系、汇率波动等方面，对需求的影响则体现在产业发展、技术升级、消费增长、消费升级等方面。

我们将GDP累计同比增速与机制纸及纸板产量累计同比增速进行对比，如图3-3所示，我们可以看到，两者的增速走势基本一致。

因此，造纸产业作为“社会和经济晴雨表”，既会受到经济周期和经济发展的影响，又会同步反映经济周期和经济发展。所以在分析纸浆价格时，需要考虑宏观因素。

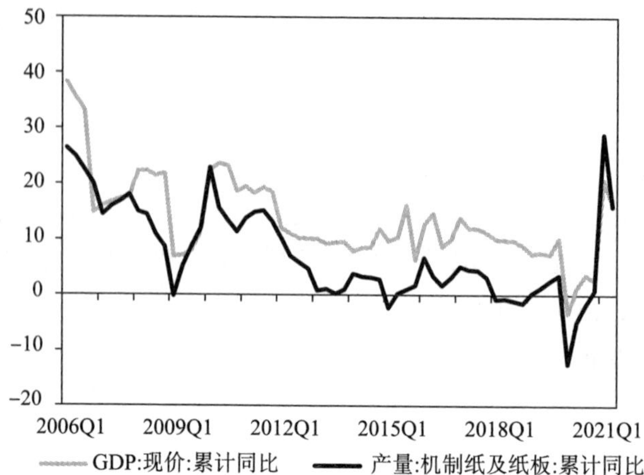

图 3－3　GDP 与机制纸及纸板产量的累计同比增速对比（2006Q1—2021Q1）

资料来源：国家统计局。

延伸阅读

经济周期与大类资产配置（美林时钟）

根据美林时钟，如图 3－4 所示，在衰退阶段，债券为王，现金次之；在复苏阶段，股票为王，债券次之；在过热阶段，商品为王，股票次之；在滞胀阶段，现金为王，商品次之。

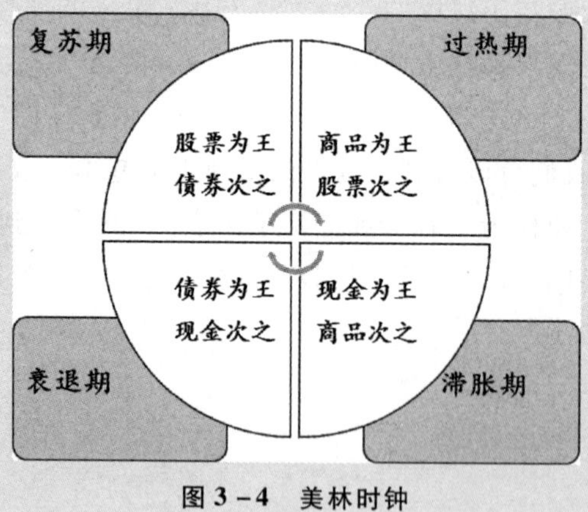

图 3－4　美林时钟

十、造纸产业相关的终端消费行业有哪些？

造纸产业与终端消费密切相关。文化用纸的下游市场是印刷业和出版业，用于印刷书籍课本、报纸杂志、画册画报。包装用纸的下游市场是各行业产成品的包装需求和快递物流。生活用纸已经接近其最终消费品，直接面向消费者。特种纸的下游细分市场则更加广泛。

因此，与造纸产业直接相关的终端消费行业有包装业、印刷业、出版业和快递物流业。再进一步下沉，文化用纸相关终端消费涉及图书、报纸、杂志、教辅教材、商业宣传等领域。包装用纸相关终端消费涉及食品、饮料、烟酒、家用电器等领域。

正是因为造纸产业的终端消费行业涉及经济活动的方方面面，当纸浆和纸张的需求受挫时，需求仍有韧性，支撑底部价格。

自测题

一、单项选择题

1. 以下有关纸浆的描述错误的是（　　）。

A. 针叶浆的进口不含进口税

B. 计算针叶浆进口成本时不需要考虑增值税

C. 木浆是木材的副产品

D. 木浆的主要原料以木材边角料为主

2. 文化纸的旺季集中在（　　）月份。

A. 3—6

B. 1—6

C. 3—6 和 9—12

D. 9—12

3. 以下描述错误的是（ ）。

A. 库存是供需关系的反映

B. 造纸产业与终端消费关系不紧密

C. 木浆进口成本 = 木浆外盘报价 CFR × 汇率 ×（1 + 增值税税率）+ 港口费用

D. 企业的库存行为影响大宗商品的价格

二、判断题

1. 纸浆的发运量与进口量只受到汇率和贸易政策的影响。（ ）

2. “限塑令”和“禁废令”的关键在于纤维原料。（ ）

3. 宏观因素不影响纸浆的供应。（ ）

参考答案

一、单项选择题

1. B　2. C　3. B

二、判断题

1. 错　2. 对　3. 错

第四章

纸浆期货合约

本章要点

上海期货交易所（以下简称上期所）纸浆期货是以漂白硫酸盐针叶木浆（以下简称漂针浆）为交割标的标准合约。本章主要介绍漂针浆期货的合约设计及交易规则，主要包括纸浆期货上市的背景及意义、上市以来纸浆期货运行情况、期货合约基本内容、期货合约设计依据、交易规则和风险控制措施等内容，为投资者全面了解纸浆期货合约提供帮助。

一、漂白硫酸盐针叶木浆期货合约的基本内容是什么?

期货合约是指期货交易所统一制定的、规定在将来某一特定的时间和地点交割一定数量标的物的标准化合约。期货合约是期货交易的对象。期货合约是在现货远期合同的基础上发展起来的。期货合约与现货远期合同之间最本质的区别在于期货合约条款是标准化的，只有期货价格是期货合约的唯一变量。

纸浆期货的交易品种是漂针浆，因此纸浆期货是以漂针浆为交割标的标准合约。漂针浆期货在上期所挂牌上市。漂针浆期货合约主要条款包括合约名称、交易品种、交易单位、报价单位、最小变动价位、涨跌停板幅度、合约月份、交易时间、最后交易日、交割日期、交割品级、交割地点、最低交易保证金、交割方式、交割单位、交易代码、上市机构等内容。

（一）合约规则（见表4－1）

表4－1　　上海期货交易所漂白硫酸盐针叶木浆期货合约

交易品种	漂白硫酸盐针叶木浆
交易单位	10 吨/手
报价单位	元（人民币）/吨
最小变动价位	2 元/吨
涨跌停板幅度	上一交易日结算价 ±3%
合约月份	1—12 月
交易时间	上午 9：00—11：30，下午 1：30—3：00 和交易所规定的其他交易时间
最后交易日	合约月份的 15 日（遇国家法定节假日顺延，春节月份等最后交易日交易所可另行调整并通知）
交割日期	最后交易日后连续 3 个工作日
交割品级	漂白硫酸盐针叶木浆，具体质量规定见本书附录
交割地点	交易所指定交割仓库
最低交易保证金	合约价值的 4%
交割方式	实物交割
交割单位	20 吨
交易代码	SP
上市交易所	上海期货交易所

资料来源：上海期货交易所（根据上期所公告〔2020〕34 号修订）。

（二）合约附件

1. 交割单位

漂针浆期货合约的交易单位为每手 10 吨，交割单位为每一标准仓单重量（风干重）20 吨，交割应当以每一标准仓单的整数倍交割。

2. 质量规定

（1）用于实物交割的漂针浆，其抗张指数、耐破指数和撕裂指数 3 个指标应当符合或优于《漂白硫酸盐木浆》QB/T 1678－2017 中针叶木浆一等品质量规定，尘埃指标应当符合或优于优等品质量规定，且 D65 亮度指标应当不小于 87%。

（2）每一标准仓单的漂针浆，应当是交易所认可的生产企业生产的指定品牌，应当附有相应的质量证明书。

（3）每一标准仓单的漂针浆，应当是同一生产厂生产、同一品牌的正品浆商品组成。

（4）漂针浆交割以实测风干重计重。每一标准仓单的溢短不超过 ±5%，重量误差不超过 ±1%。

（5）每一标准仓单应当载明重量和件数。包装应当符合交易所的相关规定。

（6）标准仓单应当由交易所指定交割仓库按规定验收合格后出具。

3. 交易所认可的生产企业和指定品牌

用于实物交割的漂针浆，应当是交易所指定的品牌。具体的生产企业和指定品牌，由交易所另行规定并公告。

4. 指定交割仓库

由交易所指定并另行公告。

小贴士

计算纸浆期货的合约价值

纸浆期货合约价值是指每手纸浆期货合约代表的标的物的价值。比如纸浆期货价格为 6000 元/吨，交易单位为每手 10 吨，那么一手纸浆期货的合约价值即为 6000×10＝60000（元）。

延伸阅读

期货与远期的区别

远期是指交易双方约定在未来的某一确定时间，以确定的价格买卖一定数量的某种标的资产的合约。远期交易本质上属于现货交易，是现货交易在时间上的延伸。远期交易是期货交易的雏形，期货交易是在远期交易的基础上发展起来的。两者的区别如表4-2所示。

表4-2 期货与远期的对比

项目	远期	期货
交易地点	分散，多为场外交易	集中在交易所交易
交易对象	交易双方协定的非标准化合约	标准化合约
交易形式	按时履约	大多数通过对冲，较少实物交割
保证金制度	一般无，若有为交易双方协定	交易所规定保证金比例
交易目的	锁定现金流	套期保值或者投机
交易商品	一切商品	规格统一、标准交易、有限种类的商品和金融工具
交易方式	一对一	集中交易
保证手段	合同条款和法规	保证金制度

资料来源：根据公开资料整理。

二、为什么选择漂针浆作为纸浆期货交割标的？

按照原料来源，纸浆可以分为木浆、非木浆和废纸浆。木浆多用于生产生活用纸、非涂布印刷书写纸、涂布印刷纸、白卡纸和特种纸等。中国造纸协会的数据显示，2020年木浆消耗量为4046万吨，占纸浆总消耗量的40%。

木浆又分为针叶木浆和阔叶木浆两大类。纸浆期货合约标的选择漂针浆的主要原因如下：

首先，针叶木浆和阔叶木浆具有不同的性能。针叶木浆比阔叶木浆具有更强的韧度、抗张强度与可拉伸性，造纸企业一般不会使用单一浆种制造纸张，通常会掺入一定比例的针叶木浆来增强纸张的韧性和强度。

其次，针叶木浆和阔叶木浆的市场集中度不同。全球规模最大的阔叶木浆生产企业 Suzano，其一家产能可以占到全球阔叶木浆产能的 25%—30%。全球针叶木浆生产企业产能分布依次递减，不存在某一家产能过于集中。

再次，针叶木浆和阔叶木浆的流通环节也所不同。相较于阔叶木浆，针叶木浆的流通环节呈现多元化格局，针叶木浆的定价模式也更为市场化。

最后，我国漂针浆长期依赖进口，进口依存度超过 95%，选择该品种作为交割标的也有助于创新传统贸易模式，为现货采购和现货定价提供新的选择，逐步提升国内纸浆定价影响力，形成具有代表性的市场化定价机制。

因此，选择漂针浆作为纸浆期货交割标的。

三、纸浆期货可交割品牌有哪些？

纸浆期货的交割标的采用“质量标准 + 品牌”双重认证。用于实物交割的漂针浆，应当既符合或优于相关交割质量规定同时又是上期所认可的生产企业生产的指定品牌。

2020 年 4 月，上期所纸浆期货首次扩充交割品牌，截至 2021 年 12 月，纸浆期货可交割品牌涉及 5 个国家的 12 个品牌 16 家工厂，可交割品牌的具体信息和分布情况如表 4 - 3 所示。

表 4-3　上海期货交易所纸浆期货可交割品牌和生产企业信息

序号	国家	生产企业	品牌名称	中文参考名称	生产厂
1	加拿大	Cariboo Pulp & Paper Company	Cariboo	凯利普	Cariboo Pulp & Paper Company
2		Mercer International Inc.	Celstar	月亮	Zellstoff Celgar Limited Partnership
3		Catalyst Paper Corporation	Crofton CKBC	金狮	Crofton Pulp & Paper Division (of Catalyst Paper Corporation)
4			Crofton CKHFI	雄狮	Crofton Pulp & Paper Division (of Catalyst Paper Corporation)
5		Nanaimo Forest Products LTD.	Harmac	马牌	Harmac Pacific Mill
6		Canfor Pulp LTD.	Northwood	北木	Canfor Northwood Pulp Mill
7	芬兰	UPM - Kymmene Corporation	UPM Conifer	芬欧	UPM Pietarsaari Pulp Mill UPM Kaukas Pulp Mill UPM Kymi Pulp Mill
8	俄罗斯	Ilim Group Joint Stock Company	Bratsk	布针	The Bratsk Branch of Ilim Group Joint Stock Company
9			Ust - Ilimsk	乌针	The Ust - Ilimsk Branch of Ilim Group Joint Stock Company
10	智利	Celulosa Araucoy Constitución S. A.	Arauco	银星	Nueva Aldea Pulp Mill Arauco Pulp Mill Valdivia Pulp Mill
11		CMPC Celulosa S. A.	Pacifico	太平洋	Pacifico Pulp Mill
12	瑞典	Södra Skogsägarna ekonomisk förening	Sodra Blue	蓝森林	Södra Cell Värö Södra Cell Mönsterås
				蓝森林 Z	Södra Cell Mönsterås

资料来源：上海期货交易所。

四、纸浆期货的主力合约月份一般是哪几个月？

期货合约有月份限制，当期货合约到期时，要停止期货合约的买卖，并进行交割。纸浆期货合约月份覆盖1—12月。商品期货大部分以1/5/9这3个月份的合约为主力合约。

纸浆期货上市初期，主力合约月份也是1/5/9这3个月。自2020年6月上期所公布纸浆期货做市商名单，引入期货做市交易后，纸浆期货除了1/5/9这3个月份的主力合约以外，其他月份的合约也开始成为主力合约。纸浆期货逐渐形成逐月移仓换月的趋势，改善了期货合约的连续性，提供了更多的套期保值和对冲交易机会，增强了纸浆期货的价格影响力。

自上市以来，截至2021年8月31日，纸浆期货主力合约如表4－4所示。

表4－4　　纸浆期货主力合约（截至2021年8月31日）

年份	合约
2019	SP1906、SP1909
2020	SP2001、SP2005、SP2009、SP2012
2021	SP2101、SP2103、SP2105、SP2106、SP2107、SP2109、SP2110

资料来源：上海期货交易所。

五、纸浆期货有哪些风险控制措施？

纸浆期货的风险控制措施有保证金制度、涨跌停板制度、持仓限额制度、大户持仓报告制度、强行平仓制度、风险警示制度等制度。

（一）保证金制度

保证金制度是期货市场风险管理的重要手段。保证金可以分为交易保证金和结算准备金。交易保证金就是通常所说的保证金。交易保证金是指会员存入交易所专用结算账户中确保合约履行的资金，是已被合约占用的保证金。

期货买方和卖方必须按照其所买卖期货合约价值的一定比率缴纳资金。用于结算和保证履约的保证金可以是资金，也可以是价值稳定、流动性强的标准仓单或国债等有价证券。

交易保证金计算公式为：

保证金占用金额 = 开仓成交价 × 交易单位 × 交易保证金比例 × 开仓手数

漂针浆期货合约的最低交易保证金为合约价值的4%。为降低产业客户的持仓成本，纸浆期货不再设置根据合约持仓大小调整交易保证金比例的相关规则。当出现下列情况时，交易所可以根据市场风险调整其交易保证金水平。

1. 临近交割期时

交易所根据某漂针浆期货合约上市运行的不同阶段（即从该合约新上市挂牌之日起至最后交易日止）制定不同的交易保证金收取标准。具体规定如表4－5所示。

表4－5　漂针浆期货合约上市运行不同阶段的交易保证金收取标准

交易时间段	期货交易保证金比例（%）
合约挂牌之日起	4
交割月前第一月的第一个交易日起	10
交割月份的第一个交易日起	15
最后交易日前两个交易日起	20

资料来源：上海期货交易所。

2. 出现涨跌停板时

当某漂针浆期货合约出现涨跌停板的情况，则该期货合约的交易保证金

按照涨跌停板制度的有关规定执行。

3. 连续数个交易日的累计涨跌幅达到一定水平时

当某漂针浆期货合约连续3个交易日（即D_1、D_2、D_3交易日）的累计涨跌幅（N）达到9%；或者连续4个交易日（即D_1、D_2、D_3、D_4交易日）的累计涨跌幅（N）达到12%；或者连续5个交易日（即D_1、D_2、D_3、D_4、D_5交易日）的累计涨跌幅（N）达到13.5%时，交易所可以根据市场情况，采取单边或者双边、同比例或者不同比例、部分会员或者全部会员提高交易保证金，限制部分会员或者全部会员出金，暂停部分会员或者全部会员开新仓，调整涨跌停板幅度，限期平仓，强行平仓等措施中的一种或者多种措施，但调整后的涨跌停板幅度不超过20%。

N的计算公式为：

$$N=\frac{P_t-P_0}{P_0}\times 100\%,\ t=3,\ 4,\ 5$$

其中，P_0为D_1交易日前一交易日结算价；P_t为t交易日结算价，t=3，4，5；P_3为D_3交易日结算价；P_4为D_4交易日结算价；P_5为D_5交易日结算价。

小贴士

计算不同阶段纸浆期货交易中被占用的保证金

纸浆期货的最低交易保证金比例为4%，但实际运行中，交易所保证金的设置会高于最低交易保证金比例，并且期货公司会在交易所保证金的基础上提高保证金比例。

交易保证金计算公式为：

保证金占用金额＝开仓成交价×交易单位×手数×交易保证金比例

以SP2105合约为例，其运行阶段是从2020年5月18日起至2021年5月17日止。

具体来说，如表4－6所示，2020年5月18日为该合约新上市挂牌之日，2021年5月17日为最后交易日，2021年5月14日为最后交易日前一个交易日，2021年5月13日为最后交易日前两个交易日，2021年5月为交割月份，2021年4月为交割月前第一月，2021年3月为交割月前第二月、2021年2月为交割月前第三月。

表4-6　SP2105合约上市运行不同阶段的交易保证金

交易时间段	日期	期货交易保证金比例
合约挂牌之日起	2020年5月18日	最低交易保证金比例为4%
交割月前第一月的第一个交易日起	2021年4月1日	10%
交割月份的第一个交易日起	2021年5月6日	15%
最后交易日前二个交易日起	2021年5月13日	20%

注：期货交易保证金比例以交易所实际公布为准。

资料来源：上海期货交易所。

假设某投资者在3月31日开仓2手SP2105合约，开仓成交价6700元/吨，交易单位10吨/手，最低交易保证金比例4%，那么该投资者保证金占用金额为6700×10×2×4%＝5360（元）。

当该投资者将这2手SP2105合约持仓到4月1日，此时交易保证金比例则由4%提高到10%，那么该投资者保证金占用金额为6700×10×2×10%＝13400（元）。保证金占用增加8040元。

（二）涨跌停板制度

期货合约的涨跌停板是指每日最大价格波动幅度，期货合约在日内交易价格波动不得高于或低于规定的涨跌幅度，超过该涨跌幅度的报价视为无效，不能成交。涨跌停板一般以合约上一交易日的结算价为基准确定。涨跌停板制度的实施可以减少价格波动幅度，为实行保证金制度和当日无负债结算提供了条件。

漂针浆期货合约的最低涨跌停板幅度为上一交易日结算价±3%，以上一交易日结算价6500元/吨为例进行计算，涨跌停板幅度为±195元/吨。

涨（跌）停板单边无连续报价也称为单边市，指某一期货合约在某一交易日收盘前5分钟内出现只有停板价位的买入（卖出）申报、没有停板

价位的卖出（买入）申报，或一有卖出（买入）申报就成交但未打开停板价位的情况。

当某漂针浆期货合约连续出现同方向单边市时，该期货合约的涨跌停板调整及交易保证金收取标准如表 4－7 所示。

表 4－7　　漂针浆期货触板后涨跌停板幅度及保证金比例变动

交易日	涨跌停板幅度	当日交易时的保证金比例	当日结算时的保证金比例
D_1	X%	Y%	D_2 涨跌停板幅度 +2%
D_2	X% +3%	D_2 涨跌停板幅度 +2%	D_3 涨跌停板幅度 +2%
D_3	X% +5%	D_3 涨跌停板幅度 +2%	D_3 涨跌停板幅度 +2%

注：X% 表示漂针浆期货品种在 D_1 时相对应的涨跌停板幅度，Y% 表示漂针浆期货品种在 D_1 时相对应的交易保证金水平。

资料来源：上海期货交易所。

1. D_1 交易日

当某漂针浆期货合约在某一交易日（该交易日称为 D_1 交易日，D_1 交易日后的连续 5 个交易日分别称为 D_2、D_3、D_4、D_5、D_6 交易日，D_1 交易日前一交易日为 D_0 交易日）出现单边市，则 D_2 交易日该期货合约的涨跌停板幅度为在 D_1 交易日涨跌停板幅度的基础上增加 3 个百分点。D_1 交易日结算时，该期货合约交易保证金比例在 D_2 交易日涨跌停板幅度的基础上增加 2 个百分点。

若 D_1 交易日为该期货合约上市挂盘后第一个交易日的，该期货合约 D_1 交易日交易保证金比例视为该期货合约 D_0 交易日结算时的交易保证金比例。

2. D_2 交易日

若 D_2 交易日未出现单边市，则 D_3 交易日涨跌停板和交易保证金比例恢复到正常水平。

若 D_2 交易日出现反方向单边市，则视作新一轮单边市开始，该日即视为 D_1 交易日。

若 D_2 交易日出现同方向单边市，则该期货合约 D_3 交易日涨跌停板幅度为在 D_1 交易日涨跌停板幅度的基础上增加 5 个百分点。当 D_2 交易日结算时，该期货合约交易保证金比例为在 D_3 交易日涨跌停板幅度上增加 2 个百分点。

3. D_3 交易日

若 D_3 交易日未出现单边市，则 D_4 交易日涨跌停板和交易保证金比例恢复到正常水平。

若 D_3 交易日出现反方向单边市，则视作新一轮单边市开始，该日即视为 D_1 交易日。

若 D_3 交易日出现同方向单边市（即连续 3 天达到涨跌停板），则当日收盘结算时，漂针浆期货合约的交易保证金仍按照 D_2 交易日结算时的交易保证金比例收取，并且交易所可以对部分或全部会员暂停出金。

当 D_3 交易日期货合约出现同方向单边市（即连续 3 天达到涨跌停板）时，若 D_3 交易日是该合约的最后交易日，则该合约直接进入交割；若 D_4 交易日是该合约的最后交易日，则 D_4 交易日该合约按 D_3 交易日的涨跌停板和保证金水平继续交易；除上述两种情况之外，交易所可以在 D_3 交易日收盘后，根据市场情况执行后续措施。

4. D_4 交易日

交易所在 D_3 交易日收盘后决定并公告该期货合约在 D_4 交易日继续交易，并采取下列一种或者多种措施：（1）调整涨跌停板幅度，但调整后的涨跌停板幅度不得超过 20%；（2）对部分会员或者全部会员、单边或者双边、同比例或者不同比例提高交易保证金；（3）暂停部分会员或者全部会员开新仓；（4）限制出金；（5）限期平仓；（6）强行平仓；（7）交易所认为必要的其他措施。

交易所执行前款规定的，在 D_5 交易日的交易按照下列方式处理：（1）D_4交易日未出现单边市的，D_5 交易日的涨跌停板幅度和交易保证金比例恢复到正常水平；（2）D_4 交易日出现反方向单边市的，视作新一轮单边市开始，该日即视为 D_1 交易日，下一日交易保证金和涨跌停板参照《上海期货交易所风险控制管理办法》第十二条规定执行；（3）D_4 交易日出现同方向单边市的，交易所可以宣布为异常情况，并按照相关规定采取风险控制措施。

交易所在 D_3 交易日收盘后决定并公告该期货合约在 D_4 交易日暂停交易一天，并在 D_4 交易日决定并公告执行措施。

若决定在 D_5 交易日继续交易，采取下列一种或者多种措施：（1）调整涨跌停板幅度，但调整后的涨跌停板幅度不得超过 20%；（2）对部分会员

或者全部会员、单边或者双边、同比例或者不同比例提高交易保证金；（3）暂停部分会员或者全部会员开新仓；（4）限制出金；（5）限期平仓；（6）强行平仓；（7）交易所认为必要的其他措施。

交易所执行前款规定的，在 D_6 交易日的交易按照下列方式处理：（1）D_5 交易日未出现单边市的，D_6 交易日的涨跌停板幅度和交易保证金比例恢复到正常水平；（2）D_5 交易日出现反方向单边市的，视作新一轮单边市开始，该日即视为 D_1 交易日，下一日交易保证金和涨跌停板参照《上海期货交易所风险控制管理办法》第十二条规定执行；（3）D_5 交易日出现同方向单边市的，交易所可以宣布为异常情况，并按照相关规定采取风险控制措施。

（三）持仓限额制度

持仓限额是指交易所规定的会员或者客户对某一合约单边持仓的最大数量。套期保值持仓头寸实行审批制度，不受此限制。

同一客户在不同期货公司会员处开有多个交易编码的，各交易编码上所有期货合约持仓头寸的合计数，不得超出交易所关于客户期货合约持仓限额的规定。

交割月前第一月的最后一个交易日收盘前，各会员、各客户在每个会员处漂针浆期货合约的投机持仓应当调整为 2 手的整倍数。进入交割月后，漂针浆期货合约投机持仓应当是 2 手的整倍数，新开仓、平仓也应当是 2 手的整倍数。

某一月份期货合约在其交易过程中的不同阶段，分别适用不同的持仓限额。

期货公司会员、非期货公司会员和客户的漂针浆期货合约在不同时期的限仓比例和持仓限额具体规定如表 4-8 所示。

从限仓数额来看，纸浆期货设置交割月份、临近交割月以及一般月份的限仓数额为 300 手、900 手和 4500 手，分别对应 3000 吨、9000 吨和 45000 吨。

（四）大户持仓报告制度

交易所实行大户报告制度。当会员或者客户某品种持仓合约的投机头寸达到交易所对其规定的投机头寸持仓限额 80% 以上（含本数）或者交易所要求报告的，会员或客户应当向交易所报告其资金情况、头寸情况，客户应当通过期货公司会员报告。交易所可以根据市场风险状况，制定并调整持仓报告标准。

表 4－8　漂针浆期货合约在不同时期的限仓比例和限仓数额规定

<table>
<tr><td colspan="2">合约挂牌至交割月份</td><td colspan="2">合约挂牌至交割月前第二月的最后一个交易日</td><td colspan="2">交割月前第一月</td><td colspan="2">交割月份</td></tr>
<tr><td rowspan="2">某一期货合约持仓量</td><td>限仓比例（%）</td><td colspan="2">限仓数额（手）</td><td colspan="2">限仓数额（手）</td><td colspan="2">限仓数额（手）</td></tr>
<tr><td>期货公司会员</td><td>非期货公司会员</td><td>客户</td><td>非期货公司会员</td><td>客户</td><td>非期货公司会员</td><td>客户</td></tr>
<tr><td>≥25 万手</td><td>25</td><td>4500</td><td>4500</td><td>900</td><td>900</td><td>300</td><td>300</td></tr>
</table>

注：表中持仓量、限仓数额为单向计算；期货公司会员的限仓比例为基数。

资料来源：上海期货交易所。

（五）强行平仓制度

为控制期货市场风险，交易所实行强行平仓制度。强行平仓是指当会员、客户违规时，交易所对其有关持仓实行平仓的一种强制措施。强行平仓的价格通过市场交易形成。

当会员、客户出现下列情况之一时，交易所对其持仓实行强行平仓：

1. 会员结算准备金余额小于零，并未能在规定时限内补足的；
2. 持仓量超出其限仓规定的；
3. 相关品种持仓没有在规定时间内按要求调整为相应整倍数的；
4. 因违规受到交易所强行平仓处罚的；
5. 根据交易所的紧急措施应当予以强行平仓的；
6. 其他应当予以强行平仓的。

强行平仓先由会员自己执行，时限除交易所特别规定外，一律为开市后第一节交易时间内。若时限内会员未执行完毕，则由交易所强制执行。因结算准备金小于零而被要求强行平仓的，在保证金补足前，禁止相关会员的开仓交易。

强行平仓的执行过程：通知→执行→确认。

1. 通知

以“强行平仓通知书”的方式。

2. 执行及确认

（1）开市后，有关会员须首先自行平仓，直至达到平仓要求，执行结果由交易所审核；

（2）超过会员自行强行平仓时限而未执行完毕的，剩余部分由交易所直接执行强行平仓；

（3）强行平仓执行完毕后，由交易所记录执行结果并存档；

（4）强行平仓结果发送。

（六）风险警示制度

交易所实行风险警示制度。当交易所认为必要时，可以分别或同时采取要求报告情况、谈话提醒、书面警示、公开谴责、发布风险警示公告等措施中的一种或多种，以警示和化解风险。

出现下列情形之一的，交易所可以约见指定的会员高管人员或者客户谈话提醒风险，或者要求会员或者客户报告情况：

1. 期货价格或者期权价格出现异常；
2. 会员或者客户交易异常；
3. 会员或者客户持仓异常；
4. 会员资金异常；
5. 会员或者客户涉嫌违规、违约；
6. 交易所接到投诉涉及会员或者客户；
7. 会员涉及司法调查；
8. 交易所认定的其他情况。

六、纸浆期货上市的背景及意义？

作为全球最大的纸浆进口国和最大的纸及纸板生产国，我国纸浆长期依赖进口，中国造纸协会的数据显示，2020 年进口木浆消耗量占我国全年木浆总消耗量的63%。尤其是漂针浆，对外依存度达到95%以上。长期以来，我国纸浆市场缺乏集中、高效、统一的报价机制，在全球浆纸市场缺乏定价话语权。此外，在纸浆期货上市前，纸浆传统现货流通模式一般可以简单概括为“浆厂—贸易企业—造纸企业”或者“浆厂—造纸企业”，造纸产业缺乏有效的风险管理工具。

纸浆期货的上市有利于丰富我国期货交易市场品种，填补期货市场空白。纸浆作为全球主要的大宗贸易商品，以纸浆为原料生产的纸制品又广泛运用在各个行业和领域。作为造纸产业首个合约品种，纸浆期货的上市将更好地服务造纸产业，产融结合推进造纸产业升级，为造纸产业及上下游企业带来新的发展机遇。

纸浆期货的上市有利于创新传统贸易模式和现货定价模式，提升国内定价影响力。通过建立我国纸浆期货市场，拓展纸浆现货销售和采购渠道，利用基差点价创新现有的纸浆定价模式，为现货采购和现货定价提供新的选择，逐步提升国内纸浆定价影响力，积极争取国际纸浆市场话语权，完善全球纸浆市场价格体系。

纸浆期货的上市有利于满足企业风险管理需求，促进造纸产业健康发展。期货除了具有价格发现功能，还具有套期保值功能。利用期货进行套期保值，企业可以锁定原材料成本和产品价格，降低企业经营管理风险，提升企业竞争力，促进造纸行业稳定持续健康发展。同时企业可以利用纸浆期货仓单进行仓单融资，拓宽企业融资渠道，提高资金使用效率。

七、纸浆期货上市以来的运行情况如何?

2018年11月27日，纸浆期货在上期所挂牌上市。由图4-1、图4-2可以看出，从上市初期的下跌探底，到历经一年多的底部盘整，再到2020年下半年开始的价格重心上移，这之后2020年年底和2021年年初纸浆期货价格不断创下上市以来的新高。随后纸浆期货价格迅速回落，再次进入宽幅

震荡区间。每个阶段具体的运行情况如下。

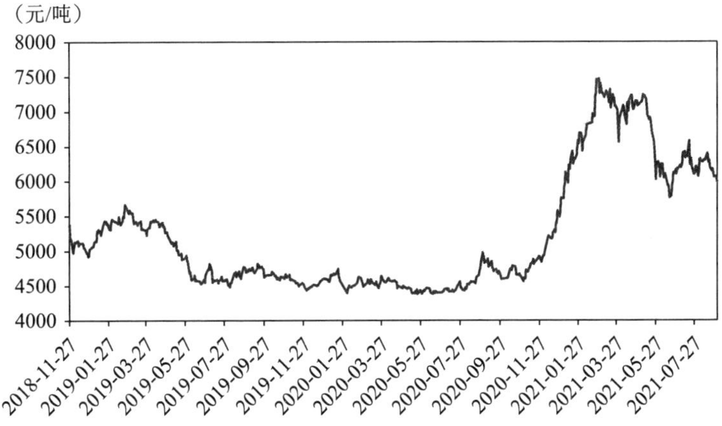

图 4－1　纸浆期货指数合约上市以来走势（截至 2021 年 8 月 31 日）

资料来源：上海期货交易所。

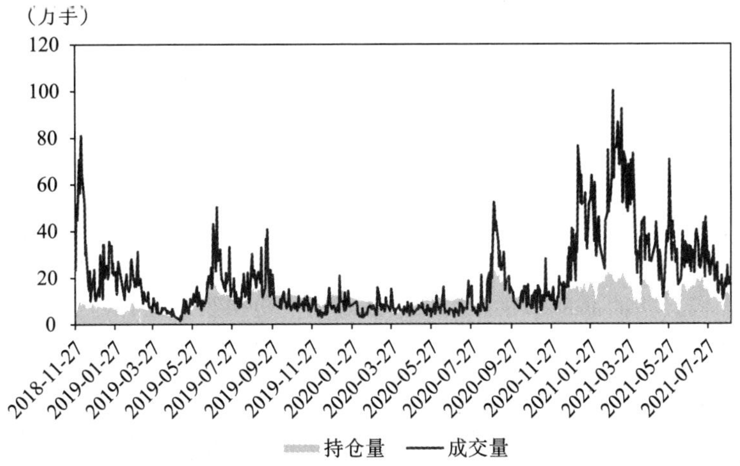

图 4－2　纸浆期货上市以来持仓量和成交量变化（截至 2021 年 8 月 31 日）

注：持仓量、成交量均为单向计算。

资料来源：上海期货交易所。

（一）加速下行阶段（2018 年 11 月—2019 年 6 月）

从纸浆期货上市到 2019 年 6 月底，纸浆期货价格加速下跌，纸浆期货的主要逻辑围绕着宏观和需求展开（见图 4－3）。

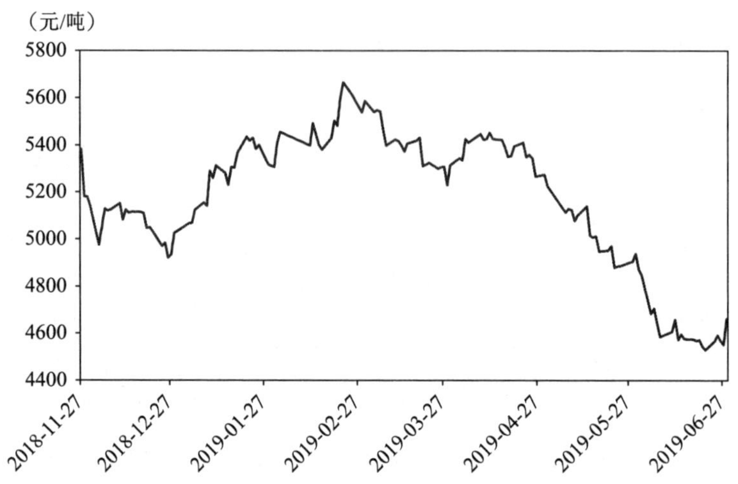

图 4－3 2018 年 11 月—2019 年 6 月纸浆期货指数合约

资料来源：上海期货交易所。

在纸浆期货上市前夕，纸浆外盘报价高位横盘数月，下游造纸企业利润受到严重挤压，市场呈现高库存和弱需求的局面。偏空的基本面格局叠加悲观的宏观预期，纸浆期货上市首日大幅下跌，随后盘面震荡偏弱运行。

2019 年前两个月纸浆期货价格出现短暂的上涨。此时虽然基本面依旧偏空，但春节前补库导致需求小幅回升。同时央行全面降准，前期偏悲观的宏观预期向好，商品市场整体走强，纸浆期货价格震荡上行，创上市以来第一个高点。

3 月开始，下游春季旺季需求表现不及预期，而宏观情绪由于发布的经济数据再度偏空，纸浆期货价格震荡下行随后企稳。5 月下游正式步入淡季，纸浆期货价格连续下跌。

（二）底部盘整阶段（2019 年 7 月—2020 年 7 月）

2019 年 7 月—2020 年 7 月，纸浆期货价格底部盘整了一年多的时间，价格区间围绕着 4400—4800 元/吨（见图 4－4）。

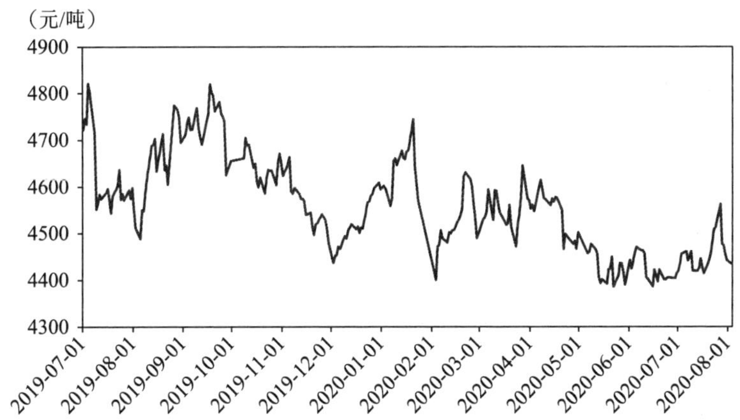

图 4-4　2019 年 7 月—2020 年 7 月纸浆期货指数合约

资料来源：上海期货交易所。

2019 年 7 月，在 G20 利好、浆厂减产以及林产品公司罢工事件多重叠加下，低迷了两个月的纸浆市场得到提振，多头情绪高涨。随后利多出尽，纸浆期货价格迅速回落。之后几个月出现了几次利多事件，纸浆期货价格小幅提振，但由于基本面支撑力度有限，盘面每次迅速回落并且不断刷新低点。

从 2019 年 12 月开始，一季度宏观经济预期持续改善，不只是纸浆市场，整个大宗商品市场都得到提振。在一季度宏观经济阶段性企稳预期背景下，加之春节前下游补库启动，盘面得到持续反弹，直到新冠肺炎疫情中断了此次反弹节奏。

2020 年新冠肺炎疫情暴发，春节期间悲观情绪积累，大宗商品价格重挫，大部分价格跌至历史低位或者历史新低。纸浆期货在节后首日刷新上市以来新低，当日利空情绪出尽，盘面向上修复。随着国内疫情得到有效控制，停工企业陆续复工复产，国内需求迅速恢复，盘面持续反弹。4 月，纸浆需求进入传统淡季，纸浆期货价格开始慢跌，主力合约最终跌破 4400 元/吨。

（三）加速上行阶段（2020 年 8 月—2021 年 2 月）

2020 年 8 月开始，纸浆期货价格连续上行（见图 4-5）。

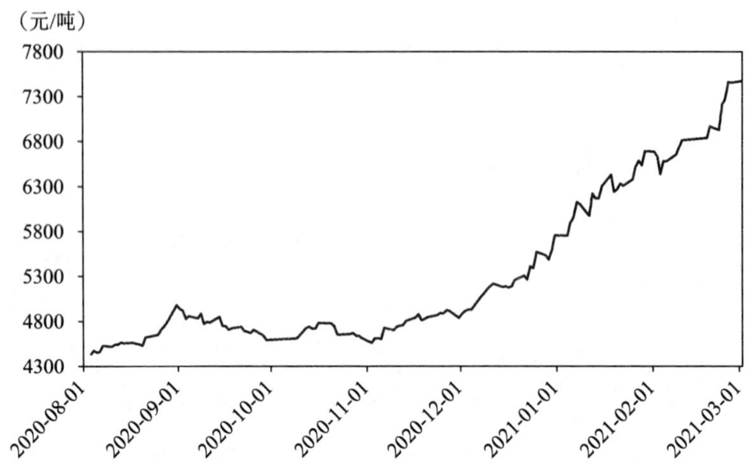

图 4－5　2020 年 8 月—2021 年 2 月纸浆期货指数合约

资料来源：上海期货交易所。

8 月以来，宏观面提振大宗商品市场，低估值品种轮换上涨，纸浆也出现了估值修复行情。在需求旺季预期下，浆和纸价格共振，同时“限塑令”和“禁废令”开始引起关注，纸浆期货价格重心缓慢上移。

到了“十一”长假前后，大宗商品价格普遍回归疫情前水平，而纸浆期货在 2019 年下半年就已经进入历史低位区间，所以在疫情后到“十一”前这个阶段，纸浆期货并没有出现像其他品种的反弹速度和反弹力度。“十一”长假后，在国内外宏观刺激政策下，大宗商品通胀逻辑不断强化，并且由于国内外经济复苏进度的不同，全球供应链出现供需错配，大宗商品开启新一轮的上涨。

在大宗商品新一轮上涨的宏观背景下，以造纸产业长周期底部走出为前提，造纸产业处在新一轮的景气上行周期，叠加“限塑令”和“禁废令”政策带来的中长期利好预期，强现实和强预期带动纸浆期货价格加速上涨，不断刷新上市以来新高。

（四）宽幅震荡阶段（2021 年 3 月—2021 年 8 月）

2021 年 3 月—2021 年 8 月，纸浆期货价格宽幅震荡（见图 4－6）。

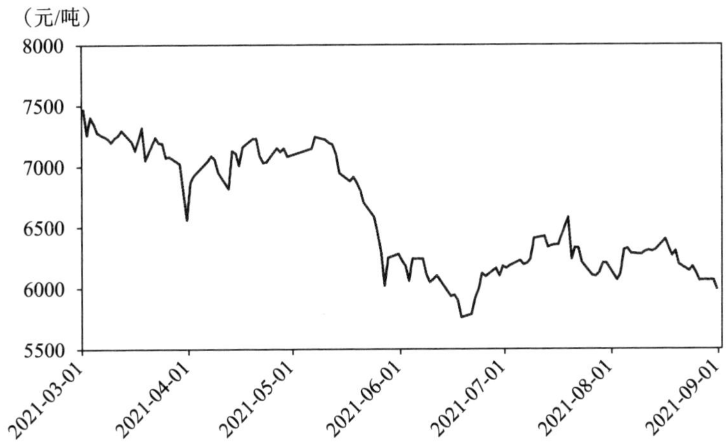

图 4-6　2021 年 3 月—2021 年 8 月纸浆期货指数合约

资料来源：上海期货交易所。

春节前后，在再通胀逻辑和全面复苏的背景下，大宗商品延续上年第四季度的涨势，但春节后基本面的表现不足以支撑前期过高的涨幅，大宗商品价格回落至春节前后的起涨点。在大宗商品调整的后半段，纸浆期货也开始了调整。

进入 4 月，部分强基本面品种再度上涨，纸浆淡季氛围开始显现，但由于其他品种同步上涨，抵消了纸浆淡季情绪。5 月，造纸产业传统淡季集中反馈，叠加国内宏观政策的收紧，弱现实叠加弱预期，纸浆期货价格不断下跌。

6 月下旬，主力合约换月到 9 月合约，逻辑也从由淡季现实转向秋季旺季预期，纸浆期货价格反弹，但随着旺季预期开始弱化，纸浆期货价格出现调整。

全球宏观经济复苏边际放缓，刺激政策收紧预期和收紧节奏之间的博弈加深，“双碳”和“双控”逻辑成为大宗商品交易主线，大宗商品进入到宏观高波动、品种间分化阶段。同时整个造纸产业周期处在上行周期的尾部，纸浆期货价格进入宽幅震荡格局。

自测题

一、单项选择题

1. 纸浆期货的交易代码是（　　）。

A. PP

B. SP

C. P

D. WP

2. 纸浆期货在（　　）上市交易。

A. 郑州商品交易所

B. 上海期货交易所

C. 大连商品交易所

D. 中国金融交易所

3. 纸浆期货的交易单位是（　　）吨/手。

A. 2

B. 5

C. 10

D. 20

4. 以下哪个选项不是选择漂针浆作为纸浆期货交割标的的原因（　　）。

A. 针叶木浆的定价模式较为市场化

B. 针叶木浆市场集中度高

C. 针叶木浆的流通环节呈现多元化格局

D. 造纸企业一般不会使用单一浆种制造纸张

5. 某投资者开仓6手纸浆期货合约，开仓成交价5900元/吨，以下保证金的计算正确的是（　　）。

A. 若保证金比例为7%，保证金占用为2478元

B. 若保证金比例为 10%，保证金占用为 35400 元

C. 若保证金比例为 15%，保证金占用为 26550 元

D. 若保证金比例为 7%，保证金占用为 12390 元

二、判断题

1. 交割单位为每一标准仓单重量 10 吨。（　　）

2. 纸浆期货的交割标的是漂白硫酸盐木浆。（　　）

3. 漂针浆期货合约上市运行不同阶段的交易保证金收取标准相同。（　　）

4. 进入交割月后，漂针浆期货合约投机持仓应当是 2 手的整倍数，新开仓、平仓也应当是 2 手的整倍数。（　　）

5. 某一月份期货合约在其交易过程中的不同阶段，分别适用不同的持仓限额。（　　）

参考答案

一、单项选择题

1. B　2. B　3. C　4. B　5. B

二、判断题

1. 错　2. 错　3. 错　4. 对　5. 对

第五章

企业如何利用纸浆期货进行套期保值

本章要点

价格发现和规避风险是期货市场的两大基本功能。规避风险是通过套期保值来实现的。本章主要介绍套期保值的概念及原理、企业参与套期保值的目的、纸浆产业链企业如何参与纸浆期货套期保值、套期保值可能存在的风险点及防范措施，为纸浆产业链企业参与纸浆期货套期保值提供参考。

一、什么是纸浆期货套期保值交易？

套期保值又称避险、对冲等，本质是一种风险转移的方式。

广义的套期保值是指企业为规避商品价格风险、外汇风险、利率风险、

股票价格风险、信用风险等，在一个或一个以上的工具上进行交易，预期全部或部分对冲其生产经营中所面临的价格风险的方式，所使用的工具包括期货、期权、远期、互换等衍生工具。由企业通过买卖衍生工具将风险转移给其他交易者。套期保值本身并不产生收益，只是通过套期保值工具将被套保项目风险进行了全部或部分抵消。

其中，纸浆期货套期保值交易是指纸浆产业链企业通过持有与其纸浆现货市场头寸相反的纸浆期货合约，或将纸浆期货合约作为其纸浆现货市场未来要进行的交易的替代物，以期对冲纸浆价格风险的方式。

二、套期保值的原理有哪些?

套期保值的核心是“风险对冲”。按照传统套期保值理论，同一种商品的现货和期货市场受共同的供求关系影响，因此期货和现货价格变化方向是趋同的、最终价值是趋合的，导致随着期货合约到期时间的临近，期货价格向现货价格回归。

通过期货市场上买入（或卖出）与现货市场交易方向相反、数量相等的同种商品的期货合约，可以使期货市场的盈利弥补现货市场的亏损，或者现货市场的盈利由期货市场的亏损抵消。期货工具的盈亏与被套期保值项目的盈亏形成一个相互冲抵的关系，以此可以达到减少企业盈亏波动或锁定利润的目的，从而达到规避风险的目的（见图5－1）。

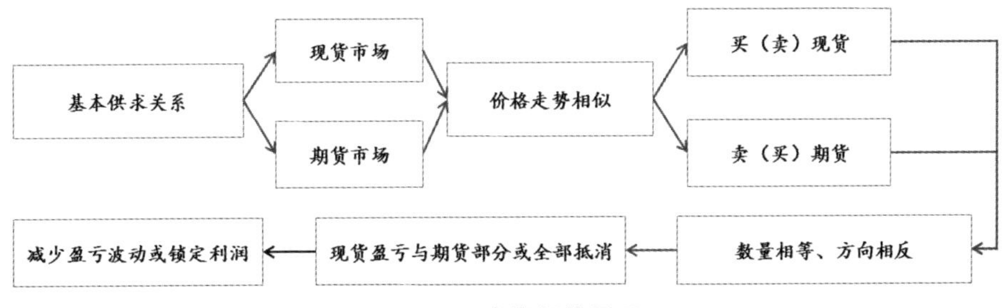

图5－1　套期保值原理

简单来说，套期保值就是在现货市场上持有头寸，或者预期将持有现货头寸，因而在期货市场上建立反向的期货头寸。套期保值的实现条件有三点：

1. 期货品种及合约数量的确定应保证期货与现货头寸的价值变动大体相当；

2. 期货头寸应与现货头寸相反，或作为现货市场未来要进行的交易的替代物；

3. 期货头寸持有的时间要与现货市场承担风险的时间段对应起来。

套期保值分为两种，一种是企业为了保护现货市场的多头头寸，在期货市场进行卖出操作，用来规避现货价格未来下跌的风险，称为卖出套期保值；另一种是企业在期货市场进行买入操作，用来规避未来在现货市场买入时现货价格上涨的风险，称为买入套期保值。

三、为什么相关企业要进行期货套期保值？

与未套期保值时企业的利润曲线和投机型企业的利润曲线相比，采取套期保值后企业的利润曲线更为平缓（见图 5 -2）。企业通过套期保值操作，一是可以减少价格波动给企业经营带来的市场风险；二是平滑企业利润，降低利润波动性；三是利用期货市场建立虚拟库存，降低企业生产成本；四是有效减少亏损风险和破产风险，保障企业生产经营的持续稳定。同时，由于期货交易是一种保证金交易，提高企业的资金使用效率。

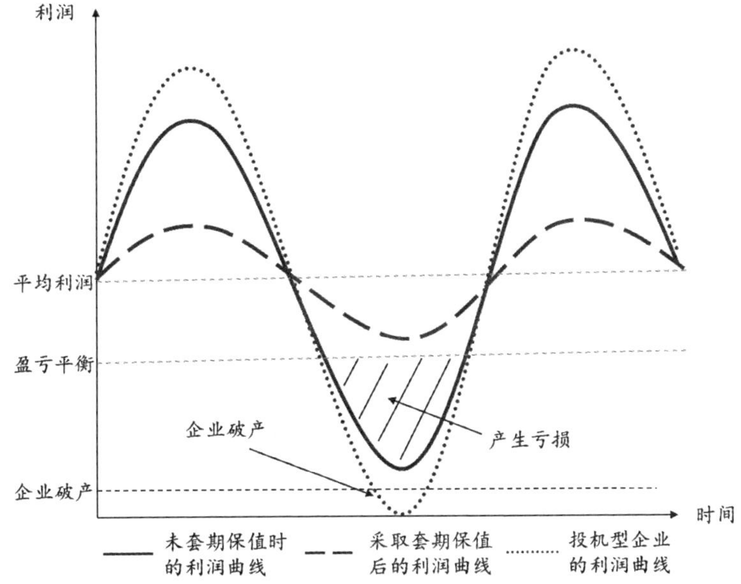

图 5－2　采取套期保值前后的公司利润变化

资料来源：根据公开资料整理。

四、纸浆产业链企业面临哪些风险敞口？

企业生产经营中主要面临价格风险、利率风险、汇率风险和信用风险。其中，企业通过期货市场进行套期保值可以对冲价格风险。

价格风险主要体现在：一是企业的原材料或产品中，只有一方面临较大的价格变动风险，而另一方的价格较为确定；二是原材料和产品都面临较大的价格波动风险。

因此，根据风险敞口方向的不同，纸浆期货的套期保值业务可以分为 3 种类型：上游闭口、下游敞口型；上游敞口、下游闭口型；双向敞口型。

1. 对于纸浆生产企业而言，风险敞口类型为上游闭口、下游敞口型。

由于原料木材并不是影响木浆生产成本的主要因素。原料木材的价格风险较小，价格相对确定。而成品纸浆面临较大的价格波动风险。因此，浆厂的风险敞口来自纸浆价格下跌所带来的风险。

2. 对于造纸企业而言，风险敞口类型为上游敞口型。以木浆为主要原材料的造纸企业为例，木浆占其生产成本比65%—75%。相较于成品纸张的销售，原材料木浆的采购面临较大的价格波动风险。因此，造纸企业的风险敞口来自纸浆价格上涨所带来的风险以及纸张价格下跌所带来的风险。

3. 对于纸浆贸易企业而言，风险敞口类型为双向敞口型。贸易企业的纸浆采购环节和销售环节都面临较大的价格波动风险。在采购纸浆时担心涨价，在销售纸浆时担心降价。因此，贸易企业的风险敞口既有来自纸浆采购成本上升所带来的经营成本上升的风险，又有来自纸浆销售价格下跌所带来的收入下降的风险（见表5－1）。

表5－1 纸浆产业链企业面临的风险敞口

企业类型	风险敞口类型	主要风险
纸浆生产企业	上游闭口、下游敞口型	纸浆价格下跌所带来的风险
造纸企业	上游敞口	纸浆价格上涨所带来的风险 纸张价格下跌所带来的风险
纸浆贸易企业	双向敞口型	既有纸浆采购成本上升又有纸浆销售价格下跌所带来的风险

需要注意的是，对产业链齐全的企业而言，上述按照风险敞口进行分类的方法并不完全适用。因此，对于企业的风险敞口需要具体情况具体分析，不可一概而论。

在纸浆期货上市初期，产业客户以贸易类客户为主，企业利用纸浆期货进行套期保值，锁定利润，企业完成采购的同时，建立空单对现货库存或者在途库存进行保护，降低经营管理风险，提升企业竞争力。随着市场参与者的逐渐丰富，纸浆期货创新了纸浆定价模式，点价交易新模式开始在现货贸易中广泛推广。除了现货库存和在途库存管理，未来采购计划管理也是贸易企业风险管理的核心。通过测算近远月合约仓单成本，利用期货建立多单补充远期库存，锁定未来纸浆采购成本。

同时，造纸企业也逐步参与到纸浆期货市场当中，造纸企业利用期货控制远期的纸浆采购成本，或者利用纸浆期货建立虚拟的原料纸浆库存，平滑现货价格波动带来的市场风险。

五、造纸企业如何运用纸浆期货进行套期保值？

对于造纸企业而言，纸浆原料的价格波动是企业生产经营中面临的一大风险，以木浆为主要原材料的造纸企业为例，木浆占其生产成本比65%—75%。造纸企业的风险敞口来自纸浆价格上涨所带来的风险。为了防止原料价格上涨而遭受损失，造纸企业可以选择买入套期保值规避风险。即在期货市场以买主身份买进数量相等的期货合约，等到要购买原料时再卖出期货头寸对冲。

造纸企业利用买入套期保值，既可以提前锁定原料成本，提高成本管理能力，又可以利用纸浆期货建立虚拟的原料漂针浆库存，届时以实物交割的方式购买漂针浆。

案例

漂针浆期货买入套期保值策略

2020年11月，某造纸企业开始对春节后的原料库存制定补库计划，计划在2021年1月购入2000吨的漂针浆。该企业认为当前现货价格处在低位，预计漂针浆价格将在未来3个月内呈上涨趋势，此时漂针浆现货市场价格为4650元/吨，如果一次性采购需要930万元的资金量。该企业一时无法筹集到大笔资金买入现货，但又担心未来价格上涨。于是该企业决定通过期货交易进行买入套期保值。

该企业在期货市场上以4750元/吨的价格买入200手（对应2000吨）漂针浆期货SP2103合约。进入2021年1月，漂针浆现货价格涨至6350元/吨，较计划买入价格高1700元/吨，2000吨总共亏损340万元。同时，因期货价格与现货价格具有同方向波动的特点，期货价涨至6500元/吨，该企业通过对持有的漂针浆期货头寸平仓获利350万元（见表5－2）。

表5－2　某造纸企业买入套期保值效果分析

项目	现货市场	期货市场
2020年11月	现货价格为4650元/吨	以4750元/吨的价格买入200手在漂针浆期货3月合约
2021年1月	以6350元/吨的价格买入2000吨漂针浆	对持有的漂针浆期货头寸平仓，以6500元/吨的价格平仓200手
盈亏变化情况	（4600－6350）×2000＝－340（万元） 现货亏损340万元	（6500－4750）×2000＝350（万元） 期货盈利350万元
总盈亏	总盈亏＝350－340＝10（万元）	

期货现货盈亏相抵后，该企业不仅没有因为现货价大涨受损失，而且通过套期保值的实施，反而盈利10万元，既成功规避了因现货价格波动所带来的市场风险，又降低了资金占用成本。

六、纸浆贸易企业如何运用纸浆期货进行套期保值？

对于纸浆贸易企业而言，风险敞口类型为双向敞口型。贸易企业的纸浆采购环节和销售环节都面临较大的价格波动风险。在采购纸浆时担心涨价，在销售纸浆时担心跌价。因此，贸易企业的风险敞口既有来自纸浆采购成本上升所带来的风险，又有来自纸浆销售价格下跌所带来的风险。贸易企业在进行套期保值操作时，需要分析上下游风险敞口的相对大小。

当贸易企业签订了远期销售协议，而现货尚未采购或者采购尚未定价，面临成本上升的风险，此时应采用买入套期保值策略。

当贸易企业已签订现货采购协议，尚未确定销售价格，面临利润侵蚀的

风险，此时应该采用卖出套期保值策略。即在期货市场以卖主的身份售出数量相等的期货，等到要销售现货时再买进期货头寸对冲作为保值手段。用期货市场的盈利平抑现货市场的亏损，达到套期保值的目的。

当贸易企业主要面临库存下跌的风险时，同样应该采用卖出套期保值策略。

案例

漂针浆期货卖出套期保值策略

某纸浆贸易企业经营方式是每个月采购 1 万吨漂针浆，其中 8000 吨的销售渠道是固定的。2021 年 4 月，该企业照例购入 1 万吨漂针浆，平均成本 7250 元/吨，由于纸浆价格波动较大，该企业计划对剩余的 2000 吨注册仓单进行卖出套期保值操作。

该企业在期货市场上以 7300 元/吨的价格卖出 200 手（对应 2000 吨）漂针浆期货 SP2106 合约。剩余的 2000 吨现货在 5 月中的销售完毕，现货销售均价 7025 元/吨，2000 吨共亏损 45 万元。现货销售的同时将保值头寸平仓，因期货价格与现货价格具有同方向波动的特点，平仓价 6980 元/吨，该企业通过对持有的漂针浆期货头寸平仓获利 64 万元。

期货现货盈亏相抵后，该企业不仅没有因为现货价下跌受损失，通过套期保值的实施，反而盈利 19 万元，成功规避了因现货价格波动所带来的市场风险（见表 5－3）。

表 5－3　　某纸浆贸易企业卖出套期保值效果分析

	现货市场	期货市场
2021 年 4 月	现货价格为 7250 元/吨	以 7300 元/吨的价格卖出 200 手漂针浆期货 6 月合约
2021 年 5 月	以 7025 元/吨的价格卖出 2000 吨漂针浆	对持有的漂针浆期货头寸平仓，以 6980 元/吨的价格平仓 200 手
盈亏变化情况	（7025－7250）×2000＝－45（万元） 现货亏损 45 万元	（7300－6980）×2000＝64（万元） 期货盈利 64 万元
总盈亏	总盈亏＝64－45＝19（万元）	

七、纸浆生产企业如何运用纸浆期货进行套期保值？

对于纸浆生产企业而言，风险敞口类型为上游闭口、下游敞口型。由于原料木材并不是影响木浆生产成本的主要因素。原料木材的价格风险较小，价格相对确定。而成品纸浆面临较大的价格波动风险。因此，浆厂的风险敞口来自纸浆价格下跌所带来的风险，浆厂可以选择卖出套期保值规避风险。经上期所认证的针叶木浆品牌可销售至期货市场中，并提前锁定销售数量和利润。

八、套期保值可能存在哪些风险？

套期保值虽然本质是一种风险转移的方式，但是并不意味着没有风险。企业在进行套期保值操作时可能会遇到基差风险、套期保值比率风险、信用风险、现金流风险、流动性风险和操作风险等风险。

（一）基差风险

基差是指在某一特定地点，被套保资产的现货价格与其所使用的期货合约价格之间的价差，用公式表示为：基差 = 现货价格 − 期货价格。基差反映了现货与期货价格之间的变化关系。

在传统的套期保值理论中，期货价格与现货价格走势相一致，基差在合约到期时为零。但是，在实际运用中，期货价格与现货价格变动幅度并不完全一致，套期保值并不是那么完美。基差的变化影响套期保值的效果。

基差风险是指由于期货和现货价格波动幅度通常是不一致的，被套保资

产的现货价格与套保合约标的资产的协议价格之间存在差异，在进行平仓以及移仓换月时会因基差变化而带来风险。

一般来说，基差风险的主要来源包括4个方面：

（1）套期保值交易时期货价格对现货价格的基差水平及未来收敛情况的变化；

（2）影响持仓成本因素的变化；

（3）被套期保值的风险资产与套期保值的期货合约标的资产的不匹配；

（4）期货价格与现货价格的随机扰动。

由于以上4个方面的原因，在套期保值组合持有期间，基差处于不断的扩大或缩小变化中，因而使套期保值组合产生损益。

如果基差扩大，则意味着现货涨幅大于期货（或者现货跌幅小于期货），对卖出套期保值有利，对买入套期保值不利；基差缩小，则意味着现货涨幅小于期货（或现货跌幅大于期货），对卖出套期保值不利，对买入套期保值有利。

延伸阅读

基差

1. 基差的定义

基差是指某一特定地点某种商品或资产的现货价格与相同商品或资产的某一特定期货合约价格间的价差。基差＝现货价格－期货价格。

2. 基差变动与套期保值效果

当现货价格的涨幅大于期货价格的涨幅，或现货价格的跌幅小于期货价格的跌幅，意味着基差变大，基差走强，即相对于期货价格而言，现货价格走势相对较强。

当现货价格的涨幅小于期货价格的涨幅，或现货价格的跌幅大于期货价格的跌幅，意味着基差变小，基差走弱，即相对于期货价格而言，现货价格走势相对较弱。

当企业进行买入套期保值操作，无论期货价格和现货价格上涨或者下跌，只要基差走强，企业的套期保值操作就会亏损；只要基差走弱，企业的套期保值操作就会盈利。

同样的，当企业进行卖出套期保值，无论期货价格和现货价格上涨或者下跌，只要基差走弱，企业的套期保值操作就会亏损；只要基差走强，企业的套期保值操作就会盈利。

3. 影响基差的因素

持仓费，又称为持仓成本，是指为拥有或保留某种商品、资产等而支付的仓储费、保险费和利息等费用总和。持仓费高低与距期货合约到期时间长短有关，距交割时间越近，持仓费越低。理论上当期货合约到期时，持仓费会减小到零，基差也将变为零。

当期货价格高于现货价格时，此时为正向市场。正向市场主要反映持仓费。在正向市场中，期货价格高出现货价格的部分与持仓费的高低有关，持仓费体现的是期货价格形成中的时间价值；持仓费的高低与持有商品的时间长短有关，距离交割时间越近，持有商品的成本就越低，期货价格高出现货价格的部分就越少，当交割月到来时，持仓费将降至零，期货价格和现货价格将趋同。

当期货价格低于现货价格时，此时为反向市场。反向市场的出现主要有两个原因：一是近期对某种商品或资产需求非常迫切，远大于近期产量及库存量，使现货价格大幅度增加，高于期货价格；二是预计将来该商品的供给会大幅度增加，导致期货价格大幅度下降，低于现货价格。

（二）套期保值比率风险

套期保值比率风险是指因套期保值比率选取不当而造成套期保值期望收益的损失及其可能性，即套期保值头寸选取的风险。套期保值比率的确定是套期保值的核心问题，合理的套期保值比率是套期保值成功的关键。因此，要根据采购数量或产品销售数量计算最优套期保值头寸，并且不断调整套期保值比率。

（三）信用风险

在套期保值交易中，当交易对手无力履约或违约时将引发信用风险。一般情况下，套期保值的信用风险可以分为交割前风险及交割时风险。前者发生的原因主要是合约到期前，交易对手由于基础资产价格变动或其他原因造成较大损失而无力履约；后者的发生则是由于在合约到期日交易对手违约未付款。期货合约交易基本上不存在信用风险，因为交易者的对手方一般为交易所，但是对于场外交易而言，如果不了解交易对手的情况，那么当合约的净值为正时，交易对手单方终止合约的信用风险较大。

（四）现金流风险

现金流风险主要体现为在套期保值过程中，期货合约的价格始终处于波动状态，有时市场可能还会朝投资者预期相反的方向运行。并且，保证金比率也可能面临调整，因而对交易保证金的要求也是变化的。当投资者保证金账户的资金余额无法满足交易保证金要求时，其持有的套期保值头寸可能面临被强行平仓的风险，从而直接导致套期保值计划失败。另外，当生产经营规模较大时，期货头寸数量也较大，而且由于生产经营的连续性，头寸持有的时间也相对较长，即使套期保值方向正确，也容易发生现金流风险。因此，即使在套期保值交易中，也应该做好资金管理，以备不时的保证金追加需求。

（五）流动性风险

套期保值开始时需要建立套期保值头寸，在套期保值结束时需要平仓了结套期保值头寸。流动性风险就是指所选定的期货合约无法及时以合理的价格达到建仓或平仓目的的风险。为了规避流动性风险，应尽量选择交易量比较大的期货合约作为套期保值合约，不建议选择流动性较差的期货合约。同时，当期货出现涨跌停板或者市场遭遇特别事件而暂停交易等情况时，用于套期保值的期货合约可能无法及时平仓，也会引发流动性风险，从而影响套期保值效果。

（六）操作风险

操作风险主要体现在企业制定的套期保值方案及规章制度不完善并且存在漏洞，导致套期保值过程中产生意外时无法及时解决，从而影响套期保值的执行。或者是企业对期货市场行情判断失误，做出相反的决策。或者是未严格执行套期保值计划导致产生风险。或者是对期货市场的进入时机和进入点位置的判断不合适，从而影响套期保值的效果。

九、企业套期保值方案如何制定？

（一）几种套期保值的对比

传统套期保值是指通过交易方向相反、商品种类相同、商品数量相等、交货月份相同或相近实现的套期保值。其局限性在于：一是期货价格与现货价格波动不一定完全一致，如果按照1:1的比例套期保值，并不能完全对冲风险；二是期货市场品种相对有限，期货与现货品种相同原则难以实现，不能满足企业需求。

基差套期保值是指对基差进行交易的套期保值，基本思路是当期货价格比现货价格更为有利则进行套期保值，否则不进行套期保值。当基差有利于企业时，企业可以锁定较高的经营利润。但是当基差不利于企业时，企业丧失套期保值机会，不能消除价格大幅波动带来的经营损失。

新型套期保值是通过随时调整套期保值仓位来合理管理风险，在可承受的风险水平内使利润最优化，即研究有效保值的操作方法。比如在牛市环境下，企业可以减少套期保值的规模，减少无效套期保值的量，根据市场情况，允许现货有一定的风险敞口。在熊市环境中，企业可以增加套期保值的规模，达到为后续新增库存或产量保值的效果。

（二）套期保值策略的选择

对当前市场运行趋势要有正确的判断，套期保值的逻辑也要正确。根据大势调整风险敞口大小，通过调整期货现货净头寸来动态管理企业承担的风险和预期收益。在大势判断的基础上，购销量、库存量随之进行变化，进而在套期保值上也进行相应调整。

对于卖出套期保值策略，当预计价格处于下行趋势时，若期货价格大于套期保值成本，则全额套保；若期货价格小于套期保值成本，则部分套保。当预计价格处于上行趋势时，若期货价格大于套期保值成本，则尽量不参与或少量套期保值；若期货价格小于套期保值成本，则不参与套期保值（见图5-3）。

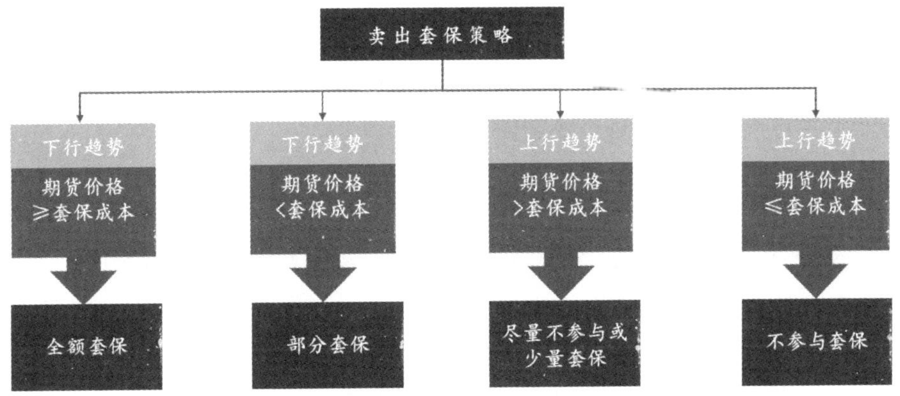

图5-3 卖出套期保值策略

对于买入套期保值策略，当预计价格处于下行趋势时，若期货价格大于套期保值成本，则不参与套期保值；若期货价格小于套期保值成本，则尽量不参与或少量套期保值。当预计价格处于上行趋势时，若期货价格大于套期保值成本，则部分套保；若期货价格小于套期保值成本，则全部套保（见图5-4）。

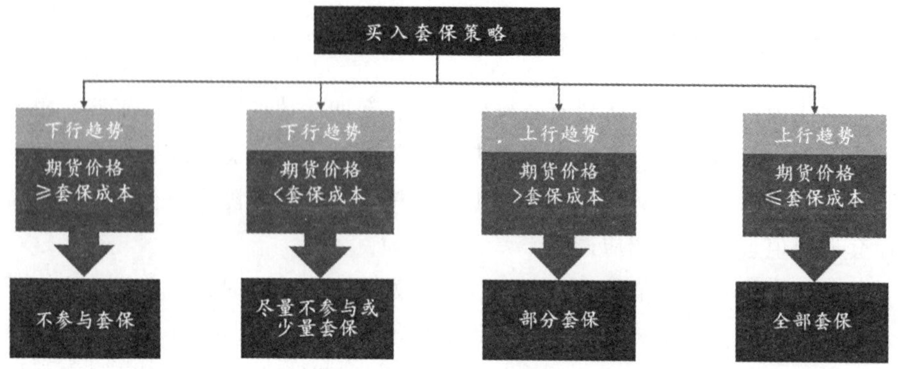

图 5－4 买入套期保值策略

（三）套期保值方案的制订

制订套期保值方案，需要经历以下流程。

第一步：综合企业性质、经营环节、时间跨度及生产加工进度，分析企业面临的风险敞口，明确企业套期保值需求。

第二步：设立套保业务小组，建立企业套期保值决策执行流程和内控制度。

第三步：对后市市场运行趋势进行判断，确定套期保值方向和时机。

第四步：确定最优保值比例。

第五步：结合企业的资金及财务方案，制定适合自身的套期保值策略。

第六步：做好策略执行风险预案，严控风险。

十、交易所关于套期保值交易相关规定有哪些？

根据《上海期货交易所套期保值交易管理办法》，漂针浆套期保值交易头寸分为一般月份（本办法指合约挂牌至交割月前第二月的最后一个交易日）套期保值交易头寸和临近交割月份（本办法指交割月前第一月和交割

月份）套期保值交易头寸。漂针浆期货套期保值交易头寸实行审批制。套期保值交易分为买入套期保值交易和卖出套期保值交易。

（一）申请一般月份套期保值交易客户需递交的材料

需要进行一般月份套期保值交易的客户应当向其开户的期货公司会员申报，期货公司会员进行审核后，向交易所办理申报手续；非期货公司会员直接向交易所办理申报手续。

申请一般月份套期保值交易头寸的非期货公司会员或者客户应当具备与套期保值交易品种相关的生产经营资格，并提交下列证明材料：

1. 企业营业执照副本复印件；

2. 证明企业现货经营规模的相关材料，如当年或者下一年度生产计划书、最新经审计的年度财务报表、现货仓单、库存证明、加工订单、购销合同、拥有实物的其他有效凭证等；

3. 套期保值交易方案（主要内容包括风险来源分析、保值目标、预期的交割或者平仓的数量）；

4. 交易所要求的其他证明材料。

（二）申请临近交割月份套期保值交易客户需递交的材料

申请临近交割月份套期保值交易头寸的会员或者客户，应当提交以下证明材料：

1. 企业营业执照副本复印件；

2. 证明企业临近交割月份套期保值交易需求真实性的相关材料，如当年或者下一年度生产计划书、现货仓单、库存证明、加工订单、购销合同、拥有实物的其他有效凭证等；

3. 套期保值交易方案（主要内容应当包括风险来源分析、保值目标、预期的交割或者平仓的数量）；

4. 交易所要求的其他证明材料。

（三）套期保值的申请时间

一般月份套期保值交易头寸的申请应当在套期保值合约交割月前第二月

的最后一个交易日之前提出；临近交割月份套期保值交易头寸的申请应当在该套期保值所涉合约交割月前第三月的第一个交易日至交割月前第一月的最后一个交易日之间提出，逾期交易所不再受理该交割月份合约的套期保值交易头寸的申请。套期保值者可以一次申请多个交割月份合约的套期保值交易头寸。交易所自收到套期保值交易头寸申请后，在5个交易日内进行审核。

（四）套期保值头寸的建仓时间

获准套期保值交易头寸的会员或客户，应当在该套期保值所涉合约最后交易日前第三个交易日收市前，按批准的交易部位和头寸建仓。在规定期限内未建仓的，视为自动放弃套期保值交易头寸。套期保值交易头寸自交割月份第一交易日起不得重复使用。

十一、如何进行套期保值的会计处理?

根据《企业会计准则第24号——套期会计》，套期指定金融工具为套期工具，以使套期工具的公允价值或现金流量变动，预期抵销被套期项目全部或部分公允价值或现金流量变动的风险管理活动。套期会计方法，是指企业将套期工具和被套期项目产生的利得或损失在相同会计期间计入当期损益（或其他综合收益）以反映风险管理活动影响的方法。

其中，套期工具是指企业为进行套期而指定的、其公允价值或现金流量变动预期可抵销被套期项目的公允价值或现金流量变动的金融工具。被套期项目是指使企业面临公允价值或现金流量变动风险，且被指定为被套期对象的、能够可靠计量的项目。

根据新准则，期货保值业务新会计科目包括套期保值、套期工具/衍生工具、被套期项目和公允价值变动损益。套期保值主要分为公允价值套期、现金流量套期和境外经营净投资套期（见图5-5）。

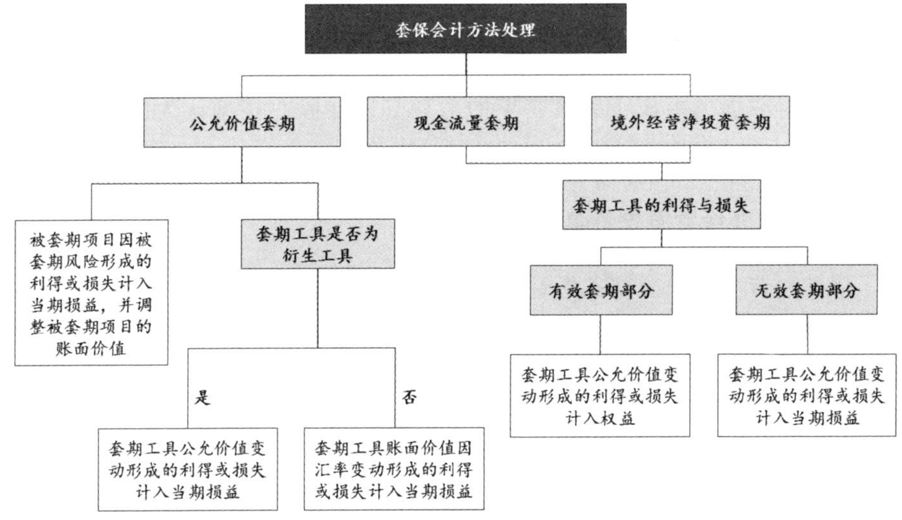

图 5－5　套期保值会计处理

（一）公允价值套期

公允价值套期是指对已确认资产或负债、尚未确认的确定承诺，或上述项目组成部分的公允价值变动风险敞口进行的套期。该公允价值变动源于特定风险，且将影响企业的损益或其他综合收益。

公允价值套期满足运用套期保值会计方法条件的，套期工具为衍生工具的，套期工具公允价值变动形成的利得或损失应当计入当期损益；套期工具为非衍生工具的，套期工具账面价值因汇率变动形成的利得或损失应当计入当期损益。

被套期项目因被套期风险形成的利得或损失应当计入当期损益，同时调整被套期项目的账面价值。

（二）现金流量套期

现金流量套期是指对现金流量变动风险敞口进行的套期。该现金流量变动源于已确认资产或负债、极可能发生的预期交易，或与上述项目组成部分有关的特定风险，且将影响企业的损益。

现金流量套期满足运用套期保值会计方法条件的，套期工具利得或损失中属于有效套期的部分，应当直接确认为所有者权益，并单列项目反映；套期工具利得或损失中属于无效套期的部分（即扣除直接确认为所有者权益后的其他利得或损失），应当计入当期损益。

（三）境外经营净投资套期

境外经营净投资套期是指对境外经营净投资外汇风险敞口进行的套期。境外经营净投资，是指企业在境外经营净资产中的权益份额。对确定承诺的外汇风险进行的套期，企业可以将其作为公允价值套期或现金流量套期处理。

对境外经营净投资的套期，套期工具形成的利得或损失中属于有效套期的部分，应当直接确认为所有者权益，并单列项目反映。处置境外经营时，上述在所有者权益中单列项目反映的套期工具利得或损失应当转出，计入当期损益。套期工具形成的利得或损失中属于无效套期的部分，应当计入当期损益。

自测题

一、单项选择题

1. 期货市场的基本经济功能之一就是其价格风险的规避机制，而达到此目的可以利用的手段就是进行（　　）。

A. 投机交易

B. 套期保值交易

C. 多头交易

D. 空头交易

2. 套期保值的实现条件是（　　）。

A. 期货品种及合约数量的确定应保证期货与现货头寸的价值变动大体相当

B. 期货头寸应与现货头寸相反，或作为现货市场未来要进行的交易的替代物

C. 期货头寸持有的时间要与现货市场承担风险的时间段对应起来

D 以上选项均是

3. 不属于套期保值风险的是（　　）。

A. 基差风险

B. 保证金追加风险

C. 强行平仓风险

D. 合约不标准风险

4. 套期保值是通过建立（　　）机制，以规避价格波动风险的一种交易方式。

A. 期货市场与现货市场之间盈亏冲抵

B. 以小博大的杠杆

C. 期货市场代替现货市场

D. 买空卖空的双向交易

二、判断题

1. 漂针浆套期保值的交易头寸不区分一般月份和临近交割月份。（　　）

2. 企业进行套期保值不需要对后市市场运行趋势进行判断。（　　）

3. 当企业进行买入套期保值操作，基差走强，企业的套期保值操作就会亏损。（　　）

4. 对于纸浆贸易企业而言，风险敞口类型为双向敞口型。（　　）

参考答案

一、单项选择题

1. B　　2. D　　3. D　　4. A

二、判断题

1. 错　　2. 错　　3. 对　　4. 对

第六章

如何利用纸浆期货做套利

本章要点

套利本质上是一种投机交易，但与一般投机交易相比其风险较低。本章从套利交易的基础知识入手，介绍纸浆期货常用的套利模式的类型、理论价差、注意事项及潜在风险，帮助投资者了解纸浆期货的套利交易，从而寻找合适的套利交易机会。

一、什么是期货套利交易？主要分析方法有哪些？

（一）期货套利的概念及作用

根据套利是否涉及现货市场，期货套利可以分为价差套利和期现套利。

价差套利是指利用相关市场或相关合约之间的价差变化，在相关市场或相关合约上进行方向相反的交易，以期价差发生有利变化时同时将持有头寸平仓而获利的交易行为。价差套利包括跨期套利、跨品种套利和跨市场套利。

期现套利是指交易者利用期货市场与现货市场之间的不合理价差，通过在两个市场上进行反向交易，待价差趋于合理时进行实物交割或者对冲平仓从而获利的交易行为。

套利利用期货市场中某些期货合约价格失真的机会，并预测该价格失真会最终消失，从而获取套利利润。因此，套利实质上是期货市场上的一种投机交易，但与一般投机交易相比其风险较低。

套利交易有助于价格发现功能的有效发挥。由于影响期货市场价格和现货价格的因素存在一定的差异，套利者利用期货价格与现货价格、不同期货合约价格之间的价格变化进行套利，促使不同期货合约价格之间的合理价差关系的形成。

套利交易有助于提高市场流动性。套利行为的存在能够增加期货市场的成交量，承担价格变动的风险，提高期货交易的活跃程度，有助于其他交易者的正常进出和套期保值操作的顺利实现，有效降低市场风险，促进交易的流畅化和价格的理性化，因而起到了市场润滑剂和减震剂的作用。

（二）期货套利的分析方法

套利的关键在于发现合理的价差区间，合理价差的确定可以采用模拟交割法和历史价差法。

1. 模拟交割法

模拟交割法是通过计算期货与现货或者不同期货合约之间的合理价差区间，即计算无风险套利区间。当价差偏离合理区间时采取相应的套利操作，当价差回归到合理区间则进行平仓获利。

2. 历史价差法

历史价差法是通过从期货与现货或者不同期货合约之间的历史价差入手，对历史价差进行统计分析，以其均值作为合理价差区间的中间值，并确定历史价差区间。

本书采用模拟交割法来分析纸浆期货套利。

二、纸浆期货进行套利交易有哪几种模式？

期货套利包括期现套利、跨期套利、跨品种套利和跨市场套利。

上期所与挪威浆纸交易所正式签署了纸浆期货交割结算价授权协议，上期所纸浆期货可与挪威浆纸交易所进行跨市场套利。

产业链相关品种还有CME木材期货，但是考虑到木浆是木材的副产品，木浆的主要原料以木材边角料为主，这两个品种之间并不适合进行跨品种套利。

因此，漂针浆期货套利交易目前可以采取期现套利、跨期套利和跨市场套利。当然，如果未来上市纸产品相关期货，造纸产业链品种逐步完善，企业可以更加灵活地运用期货衍生品工具，进行浆—纸的跨品种套利。

小贴士

由于纸浆期货逐渐形成了逐月移仓换月的趋势，在考虑纸浆期货的套利时，要缩短持仓周期，并且考虑连续合约月份的价差。

三、如何进行纸浆期货期现套利？

纸浆期货的期现套利是指交易者利用期货市场与现货市场之间出现的不合理价差，通过在两个市场上进行反向交易，待价差趋于合理时进行实物交割或者对冲平仓从而获利的交易行为。

在实际应用中，期货价格和现货价格的运行并不完全一致。期现套利的关键就在于确定期货市场与现货市场之间的合理价差区间。

判断期现价差的合理性，最重要的就是考虑套利理论成本。套利理论成本包括交易手续费、交割手续费、仓储费、出/入库费、检验费、资金成本、增值税等费用。因此，纸浆的期现套利存在一个无风险套利区间，一旦出现偏离，期现套利就有机会。

期现套利主要包括正向套利和反向套利。

当纸浆期货和现货的价差高于这个区间的上边界时，意味着现货价格加上套利理论成本低于期货价格，那么可以买入现货的同时卖出期货合约，这称之为正向套利。

当纸浆期货与现货的价差低于这个区间的下边界时，意味着期货价格加上套利理论成本低于现货价格，那么可以买入期货合约的同时卖出现货，这称之为反向套利。

四、如何计算纸浆期货期现套利的理论成本？

纸浆期货期现套利的成本一般包括交易手续费、交割手续费、仓储费、出/入库费、检验费、资金成本、增值税等费用，以正向套利为例，即买入现货的同时卖出期货合约，各项费用情况见表 6－1。

表 6－1　　期现套利理论成本汇总

项目	标准
1. 交易手续费	成交金额的万分之零点五
2. 交割手续费	1 元/吨
3. 仓储费	0.8 元/吨·天
4. 入库费	20 元/吨
5. 检验费	5800 元/批

续表

项目	标准
6. 资金成本	包括现货资金成本和期货资金成本，借贷利率
7. 增值税	13%
套利成本（合计）	/

1. 交易手续费

交易所交易手续费为成交金额的万分之零点五。

2. 交割手续费

交割手续费为 1 元/吨。

3. 仓储费

仓储费为 0.8 元人民币/吨·天，仓储费按日收取。最后交割日以前（含当日）的仓储费用由卖方承担，最后交割日以后的仓储费用由买方承担。

4. 入库费

入库费为 20 元/吨。

5. 检验费

检验费由各指定检验机构按现行收费标准向纸浆入出库时的货主收取。检验批量以同一提单为一个检验批次。每一检验批次的漂针浆必须由同一指定品牌、同一包装规格的商品所组成。检验费收费标准为每批次检验费 5800 元。

6. 资金成本

资金成本包括现货资金成本和期货资金成本。

现货资金成本 = 现货价格 × 借贷年化利率 × 持仓天数/365

期货资金成本 = 期货价格 × 保证金 × 借贷年化利率 × 持仓天数/365

其中，不同阶段的交易保证金收取标准不同。

7. 增值税

增值税是整个套利过程中最不确定的因素。在正向套利中，卖出期货合约需要参与交割，卖方要以交割结算价开具增值税专用发票。增值税的计算公式为：增值税 = （交割结算价 - 现货价格） ×13%/（1 +13%）

综上，正向套利的理论成本计算公式为：

纸浆期货正向套利理论成本 = 交易手续费 + 交割手续费 + 仓储费 + 入库费 + 检验费 + 资金成本 + 增值税

案例

计算纸浆期货 SP2101 合约期现套利理论成本

以纸浆期货 SP2101 合约和智利银星为例，买入银星现货的同时卖出 SP2101 合约并注册成标准仓单，计算期现套利理论成本。按照持仓两个月计算，2020 年 11 月 16 日，SP2101 收盘价为 4814 元/吨，银星国内现货价格为 4700 元/吨。

（1）交易手续费：交易所交易手续费为成交金额的万分之零点五，手续费约为 0.24 元/吨。

（2）交割手续费：交割手续费 1 元/吨。

（3）仓储费：仓储费为 0.8 元人民币/吨·天，仓储费按日收取。最后交割日以前（含当日）的仓储费用由卖方承担，最后交割日以后的仓储费用由买方承担。假设 12 月 1 日完成入库开始计算仓储费，SP2101 合约最后交割日为 1 月 20 日，仓储天数共 51 天，仓储费总计 40.8 元/吨。

（4）入库费：入库费 20 元/吨。

（5）检验费：检验费收费标准为每批次检验费 5800 元，以检验 500 吨为例，折合 11.6 元/吨。

（6）资金成本：不同阶段的交易保证金收取标准不同，为了方便计算，保证金统一按照 10% 计算。假设借贷资金成本以年化 6% 计算，投资周期两个月，现货资金成本为 47 元/吨，期货资金成本为 4.81 元/吨。资金成本总计 51.81 元/吨。

（7）增值税：增值税是整个套利过程中最不确定的因素。计算增值税需要交割结算价，因此无法测算也没有办法提前估算。故采用收盘价代替交割结算价，那么要承担的增值税就是 SP2101 收盘价与现货价格的价差乘以相应的税率，采用 2020 年 11 月 16 日的收盘价，增值税为 13.12 元/吨。

（8）套利成本：套利成本总计 138.57 元/吨（见表 6 - 2）。

表 6-2 计算 SP2101 期现套利理论成本
——以 2020 年 11 月 16 日 SP2101 合约收盘价为例

项目	标准	金额（元/吨）
1. 交易手续费	成交金额的万分之零点五	0.24
2. 交割手续费	1 元/吨	1.00
3. 仓储费	0.8 元/吨·天	40.80
4. 入库费	20 元/吨	20.00
5. 检验费	5800 元/批	11.60
6. 资金成本	借贷资金成本以年化 6% 计算，保证金 10%	51.81
7. 增值税	13%	13.12
8. 套利成本		138.57

五、如何进行纸浆期货跨期套利？

纸浆期货的跨期套利是指在同一市场（交易所）上利用同一期货品种的不同交割月份合约，建立数量相等、方向相反的交易头寸，最后以实物交割或者对冲平仓而获利的交易行为。即买入某一交割月份期货合约，同时卖出数量相等的另一个交割月份的期货合约。

跨期套利主要利用两个不同交割月份的合约价差变动来进行获利，当价差偏离合理区间后可以在这两个合同上进行相应的操作。

跨期套利与现货市场价格无关，只与期货可能发生的升水和贴水有关。跨期套利主要有牛市套利、熊市套利和蝶式套利三种形式。

1. 牛市套利

牛市套利是指当供给不足、需求旺盛时，近月合约价格的上涨幅度大于远月合约上涨幅度，或近月合约价格的下降幅度小于远月合约下跌幅度。在这种情况下，无论是正向市场还是反向市场，买入近月合约的同时卖出远月合约盈利的可能性比较大。

2. 熊市套利

熊市套利是指当供给过剩、需求相对不足时，近月合约价格的下降幅度大于远月合约下跌幅度，或近月合约价格的上涨幅度小于远月合约上涨幅度。在这种情况下，无论是正向市场还是反向市场，卖出近月合约的同时买入远月合约盈利的可能性比较大。

3. 蝶式套利

蝶式套利是指由共享居中交割月份一个牛市套利和一个熊市套利的跨期套利组合。操作方法：买入（或卖出）近月合约，同时卖出（或买入）居中月份合约，并买入（或卖出）远月合约。其中，居中月份合约的数量等于近月合约和远月合约的数量之和。相当于在近月与居中月份之间的牛市（或熊市）套利和在居中月份与远月之间的熊市（或牛市）套利的一种组合。与普通跨期套利相比，从理论上看蝶式套利的风险和利润都较小。

六、如何判断纸浆期货跨期套利的合理价差？

纸浆期货跨期套利主要利用两个不同交割月份的合约价差变动来获利，计算跨期套利的合理价差需要考虑交易手续费、交割手续费、仓储费、出/入库费、检验费、资金成本、增值税等费用。以牛市套利为例，即买入近月合约的同时卖出远月合约，各项费用情况如下。

1. 交易手续费

交易所交易手续费为成交金额的万分之零点五，需要注意要计算两个期货合约的手续费。

2. 交割手续费

交割手续费为 1 元/吨，两个期货合约总计 2 元/吨。

3. 仓储费

仓储费为 0.8 元人民币/吨 · 天，仓储费按日收取。最后交割日以前（含当日）的仓储费用由卖方承担，最后交割日以后的仓储费用由买方承担。仓储天数要从近月合约的最后交割日以后开始计算，到远月合约最后交割日以前（含当日）。

4. 入/出库费

近月合约入库费为20元/吨，远月合约出库费为20元/吨，总计40元/吨。

5. 检验费

检验费由各指定检验机构按现行收费标准向纸浆入出库时的货主收取。检验批量以同一提单为一个检验批次。每一检验批次的漂针浆必须由同一指定品牌、同一包装规格的商品所组成。检验费收费标准为每批次检验费5800元。

6. 资金成本

跨期套利涉及的资金成本主要体现在两个期货合约的保证金占用。每个期货合约的资金成本=期货价格×保证金×借贷年化利率×持仓天数/365。其中，不同阶段的交易保证金收取标准不同。

7. 增值税

增值税是整个套利过程中最不确定的因素。在牛市套利中，增值税的计算需要根据两个期货合约最后的交割结算价。增值税的计算公式为：

增值税=（远月合约价格-近月合约价格）×13%/（1+13%）

综上，牛市套利的持有成本（见表6-3）计算公式为：

纸浆期货正向套利持有成本=交易手续费+交割手续费+仓储费+入库费+出库费+检验费+资金成本+增值税。

表6-3　跨期套利理论价差汇总

项目	标准
1. 交易手续费	成交金额的万分之零点五，涉及两个期货合约
2. 交割手续费	1元/吨，两个期货合约总计2元/吨
3. 仓储费	0.8元/吨·天
4. 入/出库费	20元/吨
5. 检验费	5800元/批
6. 资金成本	两个期货合约的资金成本，借贷利率
7. 增值税	13%
理论价差（合计）	/

案例

计算纸浆期货 SP2012 和 SP2101 合约跨期套利理论价差

以纸浆期货 SP2012 和 SP2101 合约为例，买入 SP2012 合约的同时卖出 SP2101 合约，计算跨期套利的理论价差。按照持仓两个月计算，2020 年 11 月 16 日，SP2012 收盘价为 4714 元/吨，SP2101 收盘价为 4814 元/吨。

(1) 交易手续费：交易所交易手续费为成交金额的万分之零点五，两个期货合约的手续费总计约为 0.48 元/吨。

(2) 交割手续费：交割手续费 1 元/吨，两个期货合约总计 2 元/吨。

(3) 仓储费：仓储费为 0.8 元人民币/吨·天，仓储费按日收取。最后交割日以前（含当日）的仓储费用由卖方承担，最后交割日以后的仓储费用由买方承担。两个期货合约最后交割日分别为 12 月 18 日和 1 月 20 日，仓储天数从 12 月 19 日统计，仓储天数共 33 天，仓储费总计 26.4 元/吨。

(4) 入/出库费：近月合约入库费 20 元/吨，远月合约出库费 20 元/吨，总计 40 元/吨。

(5) 检验费：检验费收费标准为每批次检验费 5800 元，以检验 500 吨为例，折合 11.6 元/吨。

(6) 资金成本：跨期套利涉及的资金成本主要体现在两个期货合约的保证金占用。不同阶段的交易保证金收取标准不同，为了方便计算，保证金统一按照 10% 计算。假设借贷资金成本以年化 6% 计算，投资周期两个月（SP2012 合约持仓一个月，SP2101 合约持仓两个月）。SP2012 合约资金成本约 2.36 元/吨，SP2101 合约资金成本约 4.81 元/吨，资金成本总计 7.17 元/吨。

(7) 增值税：增值税是整个套利过程中最不确定的因素。增值税的计算需要根据两个期货合约最后的交割结算价。这个在计算过程中无法测算也没有办法提前估算。故采用收盘价代替交割结算价，那么要承担的增值税就是 SP2101 合约和 SP2012 合约的价差再乘以相应的税率，采用 2020 年 11 月 16 日的收盘价，增值税为 11.50 元/吨。

(8) 理论价差：理论价差 99.15 元/吨（见表 6-4）。

表 6-4　　计算 SP2012 和 SP2101 跨期套利理论价差
——以 2020 年 11 月 16 日 SP2101 和 SP2012 合约收盘价为例

项目	标准	金额（元/吨）
1. 交易手续费	成交金额的万分之零点五	0.48
2. 交割手续费	1 元/吨	2.00
3. 仓储费	0.8 元/吨·天	26.40
4. 入/出库费	20 元/吨	40.00
5. 检验费	5800 元/批	11.60
6. 资金成本	借贷资金成本以年化 6% 计算，保证金 10%	7.17
7. 增值税	13%	11.50
理论价差（合计）		99.15

七、计算无风险套利区间时哪些是不确定的？

计算无风险套利区间的不确定性主要在于资金成本和增值税。

资金成本。利率和保证金的确定是决定资金成本的关键。在交割套利中，仓单要持有到交割日，随着交割日的临近，保证金比率将大幅度提高，交易保证金将要占用大量资金。

增值税。期货卖方以交割结算价开具增值税专用发票。由于交割价格是不能提前确定的，在开始建立头寸之前无法准确计量增值税，交割价格的变动带来了增值税变动的风险，存在一定变数。

另外，建立头寸的时机也影响了计算无风险套利区间的计算。

八、针阔价差套利需要注意什么?

除了期现套利和跨期套利，纸浆期货的套利交易还有利用阔叶木浆进行的非标套利。阔叶木浆的非标套利基于的是针阔价差。但是在实际运行中，针叶木浆与阔叶木浆的价格变动在中长周期是基本一致的，而在短期内，两者的价格变化并不同步，甚至会相反。这意味着针阔价差的回归存在时间上的不确定性。一般在针阔价差处在相对极端情况时，针阔价差套利机会的确定性相对较高，此时可以考虑用阔叶木浆进行的非标套利。

自测题

一、单项选择题

1. 价差套利是指利用（　　）上不同合约之间的价差进行的套利行为。

A. 现货市场

B. 一级市场

C. 二级市场

D. 期货市场

2. 期现套利是指利用期货市场和现货市场之间不合理价差，通过在两个市场上进行（　　）交易，待价差趋于合理而获利的交易。

A. 正向

B. 反向

C. 相同

D. 套利

3. 某套利者以 4600 元/吨的价格买入 1 月的纸浆期货合约，同时以

4650 元/吨的价格卖出 5 月的纸浆期货合约。持有一段时间后，该套利者以 4670 元/吨的价格将 1 月合约卖出平仓，同时以 4700 元/吨的价格将 5 月合约买入平仓。该套利交易盈利为（　　）元/吨。

A. 20

B. －50

C. －20

D. 50

二、判断题

1. 大量的期货套利交易在客观上使期货合约之间的价差关系趋于不合理。（　　）

2. 套利与一般投机交易相比其风险要高。（　　）

3. 对应熊市套利，无论是正向市场还是反向市场，买入近月合约的同时卖出远月合约盈利的可能性比较大。（　　）

参考答案

一、单项选择题

1. D　　2. B　　3. A

二、判断题

1. 错　　2. 错　　3. 错

第七章

纸浆期货的交割

本章要点

虽然只有很小比例的期货合约最终会进行实物交割，但是交割将期货市场与现货市场联系起来，是促使期货价格和现货价格趋向一致的制度保证。本章详细介绍纸浆期货的交割规则及交割流程，认真梳理纸浆期货交割环节可能遇到的各种问题，帮助有纸浆期货交割需求的投资者能够顺利进行交割业务。

一、纸浆期货采用什么交割方式？为什么要进行交割？

商品期货交易一般采用实物交割的方式。实物交割，是指期货合约的买卖双方于期货合约到期时，根据交易所制定的规则和程序，通过期货合约标

的物的所有权转移，将到期未平仓合约进行了结的行为。

在期货交易中，绝大多数的期货合约通过对冲平仓的方式了结，只有很小比例的期货合约最终会进行实物交割。但正是这少量的实物交割将期货市场与现货市场紧密联系起来，促使期货价格和现货价格趋向一致，为期货市场功能的发挥提供了重要的前提条件。

小贴士

交割结算价

漂针浆期货的交割结算价为该合约最后5个有成交交易日的成交价格按照成交量的加权平均价。

交割产品都是完税商品，按照交割结算价进行交割。卖方需要以交割结算价开具增值税专用发票。如果交割结算价比卖方开仓价高很多，那么卖方的利润会受到很大影响。对买方来说，取得的增值税专用发票作为进项税可以抵扣未来的销项支出，如果交割结算价比买方开仓价低很多，那么买方的利润同样会受到很大影响。

延伸阅读

纸浆期货历次交割情况汇总

纸浆期货上市初期，交割集中在1/5/9这3个月，每次的交割量基本上在5万—8万吨。随着纸浆期货逐渐形成逐月移仓换月的趋势，从2020年12月开始，纸浆期货基本上每个月都会进行交割，交割量也在稳步提高。自上市以来，截至2021年8月31日，纸浆期货历次交割情况汇总如图7－1所示。

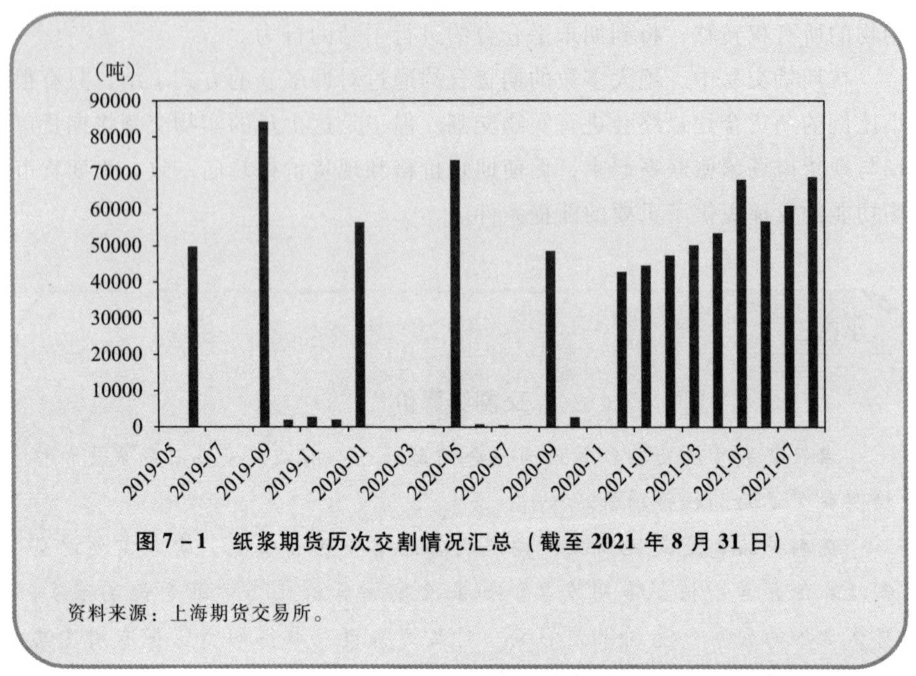

图 7-1 纸浆期货历次交割情况汇总（截至 2021 年 8 月 31 日）

资料来源：上海期货交易所。

二、纸浆期货的质量规定需要注意哪些内容？

纸浆期货采用“质量标准+品牌”双重认证作为纸浆期货交割标准。纸浆期货的具体质量规定如下。

1. 用于实物交割的漂针浆，应当同时符合或优于相关交割质量规定并且是交易所认可的生产企业生产的指定品牌。漂针浆的抗张指数、耐破指数和撕裂指数这 3 个指标符合或优于 QB/T1678-2017《漂白硫酸盐木浆》（见表 7-1）中针叶木浆一等品质量规定，尘埃指标符合或优于优等品质量规定，且 D65 亮度指标不小于 87%。

2. 每一标准仓单的漂针浆，应当是交易所认可的生产企业生产的指定品牌，应当附有相应的质量证明书。

表 7-1　　《漂白硫酸盐木浆》QB/T 1678-2017

浆种	指标名称		单位	指标		
				优等品	一等品	合格品
针叶木浆	抗张指数 a	≥	N·m/g	85.0	70.0	60.0
	耐破指数 a	≥	kPa·m²/g	6.5	5.0	4.0
	撕裂指数 a	≥	mN·m²/g	9.0	8.0	7.5
	D65 亮度		%	75.0—88.0		
	特性粘度值	≥	mL/g	800	650	500
	二氯甲烷抽出物	≤	%	0.15		
	尘埃	≤	mm²/kg	10	30	70
	灰分	≤	%	0.4		
	荧光性物质（254nmey 365nm）		-	合格		
	交货水分		%	16.0		

在打浆度为 40SR（或“加拿大标准”游离度 300ML）时的实验室纸页物理性能。

3. 每一标准仓单的漂针浆，应当是同一生产厂生产、同一品牌的正品浆商品组成。

4. 漂针浆交割以实测风干重计重。每一标准仓单的溢短不超过 ±5%，重量误差不超过 ±1%。

5. 每一标准仓单应当载明重量和件数。包装应当符合交易所的相关规定。

6. 标准仓单应当由交易所指定交割仓库按规定验收合格后出具。

三、如何进行纸浆期货的入出库检验？

到库漂针浆应当由交易所指定检验机构进行检验，检验分为品质检验和重量检验两部分。品质检验以指定检验机构检验报告为准，品质检验报告符合交易所规定的质量标准才能生成标准仓单；重量检验以指定检验机构签发的重量检验报告为准。货主应当确保入库商品符合交易所规定的质量标准。

检验为抽样检验，抽样地点应当在指定交割仓库内，严禁在车站、码头等运输途中抽样。检验批量以同一提单为一个检验批次。每一检验批次的漂针浆必须由同一指定品牌、同一包装规格的商品所组成。

纸浆期货的检验流程如下。

1. 入库检验

委托人在申报检验时应当提供由指定交割仓库出具的“期货交割货物堆放情况表”，其中必须注明入库时间、生产企业、生产厂、品牌、重量（风干重）、件数、包数、堆放货位等信息。委托人应当是货主或经其授权的代理人。代理人在办理报检时应当提供货主出具的授权书。

2. 检验合格

纸浆入库生成标准仓单前应当委托交易所指定检验机构进行品质和重量检验，检验合格的才能生成标准仓单。

3. 出具报告

指定检验机构自现场抽样完毕后 7 个工作日内出具品质检验和重量检验报告。

4. 样品留存

品质检验样品保存 6 个月。

四、为什么交割单位强调风干重？风干重的计算公式是什么？

漂针浆期货合约的交割单位为每一标准仓单重量（风干重）20 吨，交割应当以每一标准仓单的整数倍交割。交割单位强调了风干重。每一标准仓单的溢短不超过 ±5%，重量误差不超过 ±1%。

之所以漂针浆的交割强调以实测风干重计重，是因为纸浆是各种纤维和化学试剂以及水的混合物。商品浆存在湿浆板和干浆板两种形态。上期所纸浆期货可交割品牌就是以干浆形态运输。因此，交割单位强调风干重。

风干重计算公式为：风干重（ADMT）= 毛重（MT）×（1 - 水分）/90%。

五、漂针浆期货交割商品如何包装和堆放？

漂针浆期货交割商品的包装规定如下。

首先，每一标准仓单的漂针浆应当由同一生产厂生产、同一品牌的正品浆商品组成。

其次，用于交割的漂针浆，应当符合交易所认可的生产厂生产的指定品牌商品的包装要求，每件浆包外包装应明显标出用以识别的产品名称等信息。

再次，到库漂针浆应该包装完整、清洁。指定交割仓库在验收时应当对整批交割商品进行检查，如发现有明显受潮、霉变、污染、破损严重等影响使用的情况，予以拒收，不得用于交割。

最后，到库商品中，如遇包装铁丝断裂或散块商品，应当重新打包，用规定的铁丝捆扎紧固，方可用于交割。包装费用由货主承担。

漂针浆期货交割商品的堆放规定需要注意的是，用于交割的漂针浆每一标准仓单的标的实物应当按货位堆放，以500吨为一个堆放货位（见图7－2）。

图7－2 纸浆运输和仓储展示图

小贴士

纸浆的运输方式

纸浆的运输方式有：船运散装；海运和火车集装箱；汽运散装。

六、交割商品必备单证有哪些？

纸浆期货交割商品的必备单证分为国产商品和进口商品两种情况。

1. 国产商品。应当提供交易所指定检验机构出具的检验证书以及生产厂出具的产品质量证明书等材料，经交易所审定合格为有效。

2. 进口商品。应当提供交易所指定检验机构出具的检验证书、与实物一致的进口货物报关单、海关代征增值税专用缴款书、原产地证书（产地证明书）、产品质量证明书等材料，经交易所审定合格为有效。

国家税收、商检等政策调整的，应当遵守其规定，相关进口商品的单证要求由交易所另行发布。

七、纸浆期货交割需要哪些费用？

纸浆期货没有设置异地升贴水和品牌升贴水。纸浆期货交割业务的费用标准如下（见表 7－2）。

1. 交割手续费为 1 元人民币/吨。

2. 仓储费为 0.8 元人民币/吨·天。仓储费按日收取。最后交割日以前（含当日）的仓储费用由卖方承担，最后交割日以后的仓储费用由买方承

担。收费后，由指定交割仓库在标准仓单上注明仓储费付止日期。货主应当在每月月底前到指定交割仓库办理付费手续，可以预付。

3. 入库费为 20 元/吨，出库费为 20 元/吨。

4. 检验费由各指定检验机构按现行收费标准向纸浆入出库时的货主收取。检验批量以同一提单为一个检验批次。每一检验批次的漂针浆必须是同一指定品牌、同一包装规格的商品所组成。检验费收费标准为每批次检验费 5800 元。指定检验机构自现场抽样完毕后 7 个工作日内出具品质检验和重量检验报告。

5. 其他费用如港务费、港建费、码头装卸费等由有关机构按现行收费标准向纸浆入出库时的货主收取。

6. 过户费为 0.5 元/吨。过户费是指定交割仓库在审核标准仓单的上海期货交易所所外转让时收取的费用。该费用由指定交割仓库向受让方单边收取。

表 7－2　　纸浆期货交割业务收费项目及标准

项目	费用	备注
交割手续费	1 元/吨	有时会交易所会暂免交割手续费
仓储费	0.8 元/吨·天	最后交割日以前（含当日）的仓储费用由卖方承担，最后交割日以后的仓储费用由买方承担
入/出库费	20 元/吨	
检验费	5800 元/批	检验批量以同一提单为一个检验批次。每一检验批次的漂针浆必须是同一指定品牌、同一包装规格的商品所组成。指定检验机构自现场抽样完毕后 7 个工作日内出具品质检验和重量检验报告
过户费	0.5 元/吨	指定交割仓库在审核标准仓单的所外转让时收取的费用。该费用由指定交割仓库向受让方单边收取
其他费用		其他费用如港务费、港建费、码头装卸费等由有关机构按现行收费标准向纸浆入出库时的货主收取

资料来源：上海期货交易所。

八、如何生成纸浆期货标准仓单?

纸浆期货标准仓单生成包括交割预报（入库申报)、商品入库、验收、指定交割仓库签发、确认等环节（见图7－3)，具体流程如下。

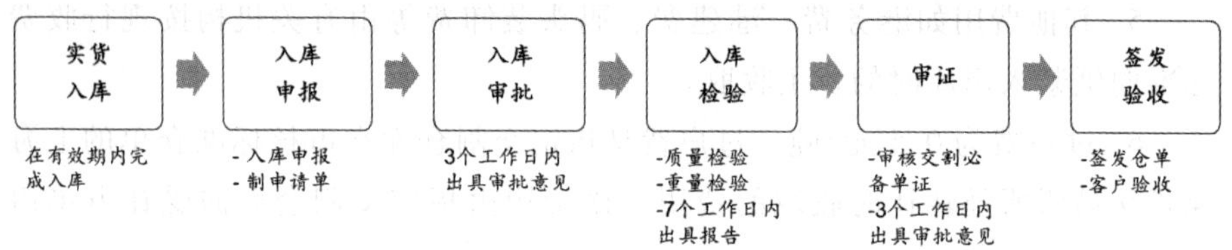

图7－3 交割仓库标准仓单的入库流程

资料来源：上海期货交易所。

（一）交割预报（入库申报）

货主向指定交割仓库发货前，应当办理入库申报。入库申报的内容包括商品的品种、等级（牌号)、商标、数量、发货单位及拟入指定交割仓库名称等，并提供各项单证。客户应当委托期货公司会员办理交割预报（入库申报）手续。

交易所在库容允许情况下，考虑货主意愿，在3个交易日内决定是否批准入库。

（二）商品入库

货主应当在交易所规定的有效期内向已批准的入库申报中确定的指定交割仓库发货。未经交易所批准入库或未在规定的有效期内入库的商品不能用于交割。

（三）验收

指定交割仓库应当根据期货交割的有关规定，对入库商品种类、牌号、

数量、质量、包装及相关单证进行验收。货主应当到库监收。货主不到库监收，视为同意指定交割仓库的验收结果。

验收合格后，指定交割仓库应当将入库检验的结果输入标准仓单管理系统，再由会员向交易所提交制作标准仓单申请。

（四）指定交割仓库签发

交易所批准制作标准仓单后，指定交割仓库核对入库申报数据并制作仓单。指定交割仓库审核人员应当复核仓单数据。

指定交割仓库签发标准仓单应当符合下列要求：

1. 一张标准仓单的数量应当是一张合约最小交割单位的数量；
2. 标准仓单所示商品的质量、包装等条件应当符合交易所有关规定；
3. 同一标准仓单所示商品应当是同一品种、同一生产厂（同一产地）、同一商标、同一牌号或同一等级。

（五）确认

仓单所有者对新签发的标准仓单进行验收确认。如果仓单所有者在收到标准仓单验收通知后 3 天内未对指定交割仓库签发的标准仓单进行验收确认的，视为已验收确认，标准仓单自动生效。标准仓单生成后即以电子形式存在。

九、标准仓单有有效期吗？到期仓单如何处理？

（一）交割仓库标准仓单有效期的规定

用于实物交割的进口漂针浆应当在到港日起 6 个月内入库，有效期限为到港日的第二年的最后一个交割月份，超过期限的转作现货并注销。

用于实物交割的国产漂针浆有效期限为生产年份的第二年的最后一个交

割月份，超过期限的转作现货并注销。

（二）厂库标准仓单交割有效期的规定

厂库标准仓单的交割有效期为厂库标准仓单生成之日起一年零六个月，厂库标准仓单超过交割有效期不得用于期货交割。

货主应当在厂库标准仓单有效期届满前申请提货或者转为现货提单，并注销厂库标准仓单。厂库标准仓单超过有效期的，对应商品转为现货，厂库标准仓单自动注销。提货方式由厂库与货主另行协商确定。

十、如何注销纸浆期货标准仓单？

标准仓单注销是指标准仓单所有人提货或者申请将其标准仓单转为一般现货提单，由指定交割仓库办理标准仓单退出流通的过程。

标准仓单超过有效期不得用于期货交割，仓单所有人应当在标准仓单有效期满后一个月内到指定交割仓库办理提货手续。否则，逾期提货者应当与指定交割仓库另行签订现货委托保管协议。

仓单所有人提货时，应当向指定交割仓库提交标准仓单出库申请。指定交割仓库在审核后予以发货。指定交割仓库的发货部门根据标准仓单出库清单和相关单证发货。

仓单所有人在出库申请中应当注明提货方式。

1. 自行到库提货的，指定交割仓库在对标准仓单审核无误后予以发货。货主应当到库监发，货主不到库监发的，视为认可指定交割仓库发货无误。

2. 委托第三方提货的，货主应当提交授权委托书，并在出库申请上注明其委托的提货单位、提货密码、联系人和联系电话等信息。指定交割仓库在对标准仓单审核无误后予以发货。货主委托的提货单位应当到库监发，不到库监发的，视为货主认可指定交割仓库发货无误。

3. 委托指定交割仓库代为发运的，货主应当提交授权委托书，并在出

库申请上注明发货地址、联系人和联系电话等信息。指定交割仓库在对标准仓单审核无误后予以发货。货主应当认可指定交割仓库发货无误。

商品出库时，指定交割仓库应当制作标准仓单出库清单，交提货人签字确认（见图7－4）。

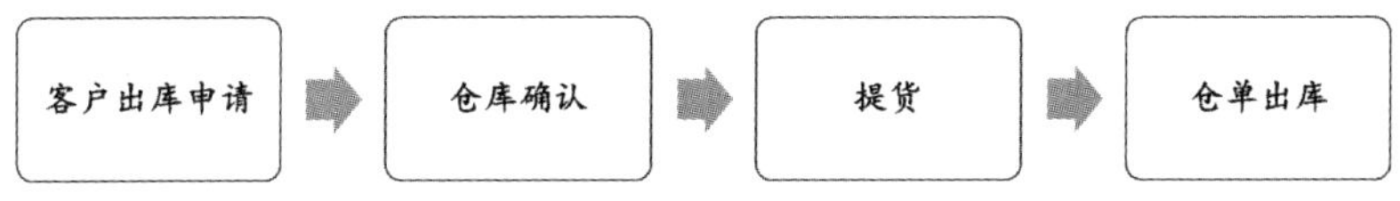

图7－4　交割仓库标准仓单的出库流程

资料来源：上海期货交易所。

十一、纸浆期货的指定仓库和质检机构有哪些？

纸浆期货交割仓库的设定按照“消费地优先、集散地优先”原则，交割仓库目前选择在山东省、江苏省、上海市、浙江省和天津市等地区。纸浆期货的厂库既包括生产企业，又包括贸易企业。截至2022年1月17日，上期所纸浆期货指定交割仓库11家，指定厂库4家，指定检验机构6家，具体名单如表7－3至表7－5所示。

表7－3　上海期货交易所纸浆期货指定交割仓库

序号	指定交割仓库名称	存放地址
1	上海远盛仓储有限公司	上海市宝山区蕰川路2508号
2	中国外运华中有限公司	山东省青岛市胶州经济开发区物流大道1号
		山东省青岛市胶州市经济技术开发区洮河路19号
		山东省青岛市黄岛区淮河东路北侧（淮河东路千山北路交叉口，小石头村南）
3	中国供销集团南通供销产业发展有限公司	江苏省南通市高新技术产业开发区希望大道008号

续表

序号	指定交割仓库名称	存放地址
4	中储发展股份有限公司	天津市北辰区陆路港物流装备产业园陆港四经支路1号（中储陆通）
		上海市宝山区宝杨路2069号（中储吴淞）
		上海市奉贤区平宇路585号、418号（中储临港）
5	青岛市青银仓储物流有限公司	山东省青岛市黄岛区淮河东路36号
6	山东省港口集团有限公司（青岛港国际物流有限公司）	山东省青岛港前湾港区内经八路1号
		山东省青岛港前湾港区内经八路2号
		山东省青岛市即墨区蓝村镇泉东村1号附1
		山东省青岛市黄岛区大珠山中路与背儿山路交汇处丰树青岛黄岛物流园
7	建发物流集团有限公司	山东省青岛市黄岛区七星河路363号
		浙江省嘉兴市平湖市独山港镇引港路333号
8	常熟威特隆仓储有限公司	江苏省常熟经济技术开发区兴华港区1路
9	中远海运物流有限公司	山东省青岛市黄岛区同江路556号
10	青岛宏桥市场经营有限公司	山东省青岛保税区北京路58号（B）
11	山东省奥润特贸易有限公司	山东省青岛市李沧区长顺路15号
12	厦门象屿速传供应链发展股份有限公司	山东省青岛市黄岛区骊山路179号
		上海市宝山区长建路505号

资料来源：上海期货交易所。

表7-4　　　　上海期货交易所纸浆期货指定厂库

序号	指定厂库名称	日发货量（吨）
1	厦门建发纸业有限公司	1000
2	浙江永安资本管理有限公司	1500
3	金翌贸易（上海）有限公司	1000
4	浙江景诚实业有限公司	1000

注：日发货量：厂库的日发货量是指厂库在24小时以内安排期货商品发货的最低数量。

资料来源：上海期货交易所。

表 7-5 上海期货交易所纸浆期货指定检验机构

序号	指定检验机构名称	办公地址
1	广州海关技术中心	广州市珠江新城花城大道 66 号 B 座
2	青岛海关技术中心	山东省青岛市城阳区新悦路 83 号
3	中国检验认证集团山东有限公司	山东省青岛市福州南路 85 号
4	上海中储材料检验有限公司	上海市宝山区铁山路 489 号
5	上海海关工业品与原材料检测技术中心	上海市金山区联发路 208 号
6	天津海关工业产品安全技术中心	天津市空港经济区东五道 2 号

资料来源：上海期货交易所。

十二、如果企业选择交割要进行哪些步骤?

实物交割应当在合约规定的交割期内完成。交割期是指该合约最后交易日后的连续 3 个工作日。该 3 个交割日分别称为第一、第二、第三交割日，第三交割日为最后交割日。交割程序如下（见图 7-5）。

（一）第一交割日

1. 买方申报意向

买方在第一交割日内，向交易所提交所需商品的意向书。内容包括品种、牌号、数量及指定交割仓库名等。

2. 卖方交标准仓单

卖方在第一交割日内通过标准仓单管理系统将已付清仓储费用的有效标准仓单交给交易所。

（二）第二交割日

交易所分配标准仓单。交易所在第二交割日根据已有资源，按照“时间优先、数量取整、就近配对、统筹安排”的原则，向买方分配标准仓单。

不能用于下一期货合约交割的标准仓单，交易所按所占当月交割总量的比例向买方分摊。

（三）第三交割日

1. 买方交款、取单

买方应当在第三交割日 14：00 前到交易所交付货款并取得标准仓单。

2. 卖方收款

交易所应当在第三交割日 16：00 前将货款付给卖方，如遇特殊情况交易所可以延长交割货款给付时间。

在交割期内，如当日 14：00 之前办妥标准仓单、增值税专用发票、货款等交割事宜的，交易所当日即清退其相应的交割部位保证金。如当日 14：00 之后办妥的，交易所将在下一交易日清退交割部位保证金。

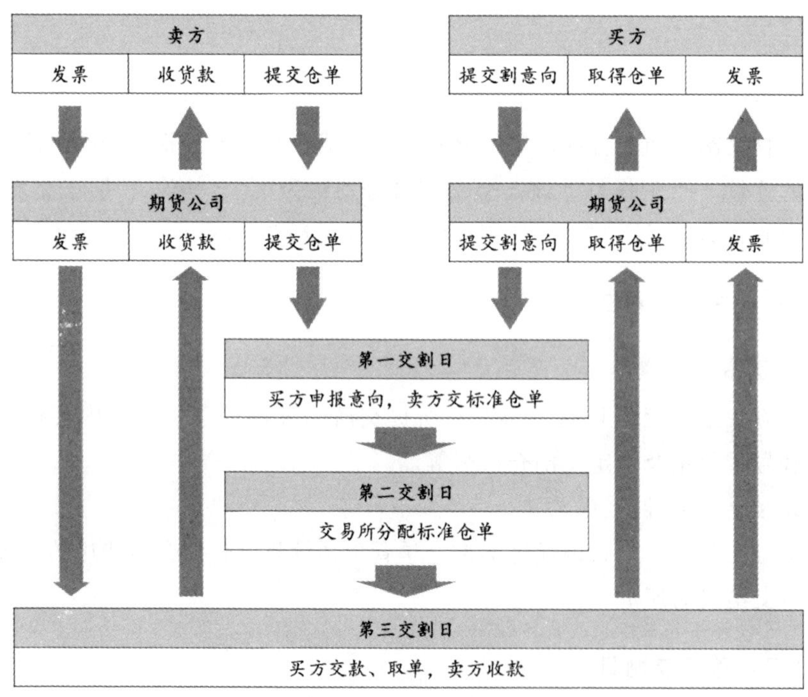

图 7－5　交割流程图

资料来源：上海期货交易所。

小贴士

标准仓单进行实物交割的流转程序

标准仓单在交易所进行实物交割的，其流转程序如下：

1. 卖方客户将标准仓单授权给卖方期货公司会员以办理实物交割业务；

2. 卖方会员将标准仓单提交给交易所；

3. 交易所将标准仓单分配给买方会员；

4. 买方期货公司会员将标准仓单分配给买方客户。

十三、实物交割完成后有异议要怎么办？

实物交割完成后，若买方对交割商品的质量、数量有异议的（有异议的交割商品应当在指定交割仓库内），应当在实物交割月份的下一月份的15日之前（含当日，遇法定假日时顺延至假日后的第一个工作日），向交易所提出书面申请，并应当同时提供交易所指定的质量监督检验机构出具的质量鉴定结论。逾期未提出申请的，视为买方对所交割商品无异议，交易所不再受理交割商品有异议的申请。

十四、交易所对交割违约是如何处理的？

当出现在规定交割期限内卖方未能如数交付标准仓单的，或者在规定交割期限内买方未能如数解付货款的，或者交易所认定的其他违约行为，构成交割违约。

计算买、卖方交割违约合约数量的公式为：

卖方交割违约合约数量（手）=应交标准仓单数量（手）－已交标准仓单数量（手）

买方交割违约合约数量（手）=（应交货款－已交货款）÷交割结算价÷交易单位

在根据买方交割违约合约数量计算交割违约金额时，应当在买方相应的保证金中预留违约部分合约价值20%的违约金和违规惩罚金。发生交割违约后，交易所于违约发生当日16：30以前通知违约方和相对应的守约方。违约通知通过会员服务系统发送，会员服务系统一经发送，即视为已经送达。

构成交割违约的，由违约方支付违约部分合约价值（按交割结算价计算）20%的违约金给守约方。交易所退还守约方的货款或者标准仓单，终止本次交割。

若买卖双方都违约的，交易所按终止交割处理，并对双方分别处以违约部分合约价值5%的违规惩罚金。

终止交割后，交易所的担保责任终止。

货主与指定交割仓库就交收的商品检验结果发生争议时，一般通过双方会验的方式解决。也可以提请交易所指定的质量检验机构复验，复验结果为解决争议的依据。

十五、如何进行期转现业务？

期货转现货，简称期转现，是指持有方向相反的同一月份合约的会员（客户）协商一致并向交易所提出申请，获得交易所批准后，分别将各自持有的合约按交易所规定的价格由交易所代为平仓，同时按双方协议价格进行与期货合约标的物数量相当、品种相同、方向相同的仓单的交换行为。

期转现的期限为欲进行期转现合约的上市之日起至交割月份最后交易日前二个交易日（含当日）止。

持有同一交割月份合约的买卖双方会员（客户）达成协议后，在上述期限内的交易日的14：00前，到交易所申请办理期转现手续，填写交易所统一印制的期转现申请单。用非标准仓单交割的，应当提供相关的买卖协议和提单复印件。

申请期转现的买卖双方原持有的相应交割月份期货头寸，由交易所在申请日的15：00之前，按申请日前一交易日交割月份合约的结算价平仓。期转现的交割结算价为买卖双方会员（客户）达成的协议价。期转现的交易保证金按申请日前一交易日交割月份期货合约结算价计算。期转现的票据交换（包括货款、仓单）在申请日后一交易日14：00前在交易所内完成。

卖出方应当在办理期转现手续后七日内向交易所提交增值税专用发票。如卖方在14：00之前交付增值税专用发票的，经复核无误后，交易所退付卖方相应的保证金。如在14：00之后交付的，交易所在下一交易日结算时清退相应的保证金。交易所在收到卖方增值税专用发票的下一个工作日内向买方开具增值税专用发票。

十六、为什么要进行厂库交割？厂库交割与仓库交割有什么异同？

不同于其他期货品种的厂库概念，纸浆期货的厂库既包括生产企业，又包括贸易企业。2020年9月，上期所首次推出纸浆贸易商厂库交割制度。

首批纸浆期货厂库的主体为贸易商，这正是基于纸浆交割采用品牌认证制的特点。厂库可同时提供多个可交割品牌，厂库提货地可以直接选择位于消费地的现有指定交割仓库，标准厂库仓单和仓库仓单可无缝对接，满足买方的个性化需求，从源头实现供需对接，实现交割资源有效供给。

厂库以自身拥有的纸浆作为履约担保签发厂库仓单，签发仓单时无须质量检验，同时厂库应保证出库漂针浆的质量符合交易所漂针浆期货合约规定的质量标准。因此，厂库交割不存在入库费，检验费由厂库支付（见表7－6）。

表7－6 厂库交割与仓库交割的费用对比

交割费用	仓库交割	厂库交割
仓储费	0.8元/吨·天	
入库费	20元/吨	无
出库费	20元/吨	
检验费	卖方支付	厂库支付

资料来源：上海期货交易所。

小贴士

厂库可以以自己作为货主签发厂库标准仓单，但厂库标准仓单不得充抵保证金使用，且数量一般不得超过核定库容的50%。

十七、纸浆期货厂库仓单如何生成、流转与注销？

（一）厂库标准仓单生成（见图7－6）

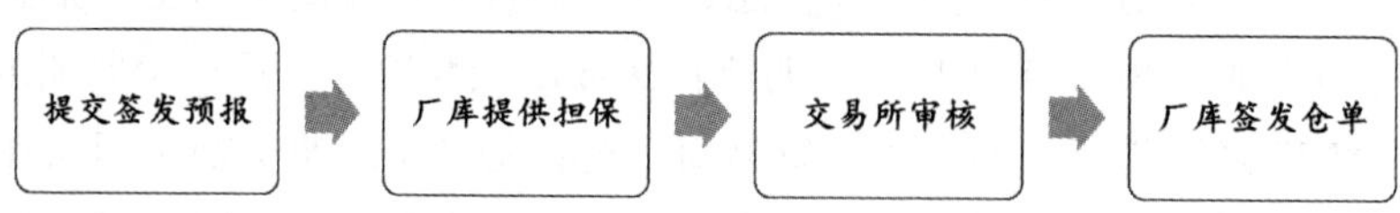

图7－6 厂库标准仓单的生成流程

资料来源：上海期货交易所。

1. 申请

厂库签发厂库标准仓单前，需向交易所提交厂库标准仓单签发预报。预报内容包括品种、会员单位、货主名称、拟申请签发仓单数量等。

2. 厂库提供担保

厂库在签发仓单之前需提交申请，并向交易所提供经交易所认可的担保。

3. 交易所审核

交易所在核定库容允许并且厂库提供了符合规定的担保情况下，决定是否批准厂库签发厂库标准仓单。其中，厂库核定库容是指厂库可以签发（含已签发且尚未注销）的厂库标准仓单的最大数量，厂库核定库容的确定和调整，需经交易所批准并予以公布。

4. 签发

厂库接到交易所批准签发厂库标准仓单指令后，在标准仓单管理系统中按相关程序签发厂库标准仓单。

（二）厂库标准仓单流转

厂库标准仓单可用于交割、转让、提货以及交易所规定的其他用途。但厂库以自己作为货主签发的厂库标准仓单不得作为保证金使用。

厂库标准仓单用于交割的流程，与《上海期货交易所交割细则》中有关交割流程相同。

厂库标准仓单的合法持有人在仓单持有期间，需向厂库支付仓储费；在货物出库时，需向厂库支付出库费。

（三）厂库标准仓单注销（见图7－7）

图7－7　厂库标准仓单的出库流程

资料来源：上海期货交易所。

厂库标准仓单注销是指厂库标准仓单合法持有人通过上海期货交易所标准仓单管理系统向厂库申请提货或转为在库现货，并由厂库办理厂库标准仓单退出流通手续的过程。

1. 提货申请

货主应在拟提货日 15 个工作日前通过标准仓单管理系统向厂库提交提货申请，申请内容包括品牌、数量、拟提货日、拟提货地、提货方式、提货计划（每日提货量）、提货人身份证明、联系方式等相关内容。

2. 提货确认

厂库在货主提交提货申请后的 3 个工作日内，参照货主提交的提货日、品牌、提货地等要求，确认货主的提货申请。出库商品若为进口漂针浆，则到港日应在货主和厂库之间已经确定的提货日之前 6 个月内。

3. 出库检验

厂库应保证出库漂针浆的质量符合交易所漂针浆期货合约规定的质量标准。

4. 溢短结算

出库商品重量以指定检验机构签发的重量检验报告为准。商品出库时发生的溢短由厂库按照商品出库（厂库标准仓单注销日）当日前一交易日交易所挂牌交易的最近月份对应期货合约的结算价与货主进行结算。

5. 货主提货

货主可自行到库提货或委托厂库代为发运。货主应按约定的提货日和发货计划到厂库提货。货主提货时，应与厂库结清有关费用。

自测题

一、单项选择题

1. 以下有关实物交割的描述错误的是（　　）。

A. 绝大多数的期货合约通过对冲平仓的方式了结

B. 只有很小比例的期货合约最终会进行实物交割

C. 实物交割将期货市场与现货市场紧密联系起来

D. 交割结算价的高低不影响买卖双方的利润

2. 以下有关直接期货交割标的物描述错误的是（ ）。

A. 纸浆期货交割标准采用“质量标准+品牌”双重认证

B. 用于实物交割的漂针浆符合或优于相关交割质量规定

C. 每一标准仓单的漂针浆可以由不同品牌的正品浆商品组成

D. 每一标准仓单的漂针浆应当以500吨为一个堆放货位

3. 以下有关纸浆期货标准仓单的描述错误的是（ ）。

A. 一张标准仓单的数量应当是一张合约最小交割单位的数量

B. 纸浆期货标准仓单的有效期限为到港日的第二年9月

C. 同一标准仓单所示商品应当是同一品种、同一生产厂（同一产地）、同一商标、同一牌号或同一等级

D. 用于实物交割的进口漂针浆应当在到港日起6个月内入库

4 以下关于漂针浆入库检验的描述错误的是（ ）。

A. 到库漂针浆的检验分为品质检验和重量检验

B. 入库检验为抽样检验

C. 抽样地点可以在车站、码头等运输途中

D. 检验批量以同一提单为一个检验批次

二、判断题

1. 漂针浆交割以实测风干重计重。（ ）

2. 交割期是指该合约最后交易日后的连续3个工作日。（ ）

参考答案

一、单项选择题

1. D 2. C 3. B 4. C

二、判断题

1. 对　　2. 对

参考文献

1. 上海期货交易所 . http：//www. shfe. com. cn/.

2. 中国海关总署 . http：//www. customs. gov. cn/.

3. 国家统计局 . http：//www. stats. gov. cn/.

4. 中国造纸协会 . http：//www. chinappi. org/.

5. 联合国粮食及农业组织（FAO）. http：//www. fao. org/.

6. 纸浆纸张产品理事会（PPPC）. https：//www. pppc. org/.

7. 中国造纸协会 . 中国造纸工业 2020 年度报告［R］.

8. 中国造纸协会 . 中国造纸工业可持续发展白皮书［R］.

9. 中国造纸协会 . 关于造纸工业“十三五”发展的意见［Z］.

10. 中国期货业协会 . 期货及衍生品基础［M］. 2 版 . 北京：中国财政经济出版社，2018.

11. 龚木荣 . 制浆造纸概论［M］. 北京：中国轻工业出版社，2019.

12. 詹怀宇 . 制浆原理与工程［M］. 4 版 . 北京：中国轻工业出版社，2019.

13. 何北海 . 造纸原理与工程［M］. 4 版 . 北京：中国轻工业出版社，2019.

14. G. A. 斯穆克 . 制浆造纸工程［M］. 2 版 . 北京：中国轻工业出版社，2015.

15. 郑玮 . 纸浆期货市场回顾及 2021 年展望［J］. 造纸信息，2021（3）：37 –41.

16. 郑玮 . 纸浆期货市场 2021 年下半年展望［J］. 造纸信息，2021（7）：31 –34.

附录

纸浆（期货）检验细则

总则

第一条　为保证上海期货交易所（以下简称交易所）漂白硫酸盐针叶木浆（以下简称漂针浆）期货交割检验业务的正常进行，规范实物交割的检验行为，根据交易所有关规定，由交易所指定的检验机构联合制定本细则。

第二条　交易所漂针浆期货交割检验业务依照本细则执行。

第三条　指定检验机构的实验室，其基本条件与能力应符合国家法律法规相关要求，同时通过实验室资质认定和实验室认可。

第二章　指定交割仓库的检验

第四条　指定检验机构受理报检

4.1 漂针浆期货实行品牌交割，交割商品必须是经过交易所认可的生产厂生产的指定品牌正品浆。

4.2 漂针浆入库生成标准仓单前应当委托交易所指定检验机构进行品质

和重量检验。

4.3 入库检验委托人（以下简称委托人）在申报检验时应当提供由指定交割仓库出具的《期货交割货物堆放情况表》，其中必须注明入库时间、生产企业、生产厂、品牌、重量（风干重）、件数、包数、堆放货位等信息。

4.4 委托人在漂针浆入库后向指定检验机构申报办理期货交割检验业务。

4.5 委托人办理报检时，应当以书面形式向指定检验机构提出期货交割货物检验委托申请，并提供下列文件：

（1）进口木浆，委托人应提供品质证书（质量指标）、提单、报关单、销售合同、发票、数量/重量明细单等相关文件。

（2）国产木浆，委托人应提供品质证书（质量指标）、数量/重量明细单等相关文件。

4.6 委托人应当是货主或经其授权的代理人。代理人在办理报检时应当提供货主出具的授权书。

第五条 准备检验

5.1 指定检验机构对入库时所申报货物的品质和重量检验仅实施一次抽样检验。

5.2 指定检验机构接受报检后确定取样和重量检验日期并通知委托人。委托人接到通知后，应提前做好与指定交割仓库的联系工作，确保现场检验工作的顺利开展。

5.3 指定检验机构应当核实《期货交割货物堆放情况表》等相关资料，若发现报检单据与货物不符的，或浆包包装有严重破损、严重泡水痕迹、霉变等情况的，有权终止检验，委托人应承担相应的责任。

5.4 经核实报检单据与货物相符的，检验批量以同一提单为一个检验批次。每一检验批次的漂针浆必须是同一指定品牌、同一包装规格的商品所组成。

5.5 漂针浆的检验取样应在光照良好，干燥洁净和避风的室内仓库进行，现场拆包。

5.6 指定交割仓库应配备计量合格的标准衡器、机械设备、简易打包设备和辅助劳动力。

第六条 实施检验

6.1 重量检验按照 GB/T 8944.1 - 2008 和 GB/T 8944.2 - 2008 纸浆成批

销售质量的测定进行检验，抽样数量按初次检验数量执行。每批抽取检验样品数量30或32个样包（具体由每件浆包的数量确定）。

6.2 指定交割仓库应负责对品质取样和重量检验后的散包进行归位和简易打包捆扎，避免交割商品受到污损。

6.3 品质检验

6.3.1 品质取样与试验方法按QB/T 1678－2017漂白硫酸盐木浆规定执行。

6.3.2 品质检验项目：抗张指数（N·m/g）、耐破指数（kPa·m^2/g）、撕裂指数（mN·m^2/g）、尘埃（mm^2/kg）、D65亮度（%）。

6.4 检验结果的评定

6.4.1 漂针浆抗张指数、耐破指数和撕裂指数等三个指标应当符合或优于QB/T1678－2017《漂白硫酸盐木浆》中针叶木浆一等品质量规定，尘埃指标应当符合或优于优等品质量规定，且D65亮度指标应当不小于87%。

6.4.2 漂针浆的重量检验结果按照GB/T 8944.1－2008和GB/T 8944.2－2008纸浆成批销售质量的测定进行评定。

6.4.3 检验完毕，出具检验结果报告。

第三章　检验报告

第七条　指定检验机构自现场抽样完毕后七个工作日内出具品质检验和重量检验报告（报告一份正本和若干副本）。

第八条　品质检验样品保存六个月。

第四章　附则

第九条　本细则实施前应当向上海期货交易所备案。

第十条　本细则的解释权属于上海期货交易所指定检验机构（联合）。

第十一条　本细则未尽事宜，参照上海期货交易所章程、交易规则及业务实施细则有关规定执行。

第十二条　本细则自201×年×月×日实施。

附件1.1：漂白硫酸盐针叶木浆（期货）品质检验报告

附件1.2：漂白硫酸盐针叶木浆（期货）重量检验报告

附件 1.1

漂白硫酸盐针叶木浆（期货）品质检验报告

编　号：××××

日　期：××××年××月××日

委托人：

品牌/浆种：

申报数/重量（ADMT）：　××× 件/××× 包/××× 吨

提单号（运单号）：

生产日期/到港日：

取样地点：

货位号：

检验地点：

检验结果：

代表性样品在上述货位的货物中随机抽取，经检验，结果如下：

指标名称	单位	规定值	检测结果	单项评定
抗张指数	N·m/g	≥70.0		
耐破指数	$kPa \cdot m^2/g$	≥5.0		
撕裂指数	$mN \cdot m^2/g$	≥8.0		
尘埃	mm^2/kg	≤10		
D65 亮度	%	≥87.0		

注：按照 QB/T 1678－2017 标准，在打浆度为 40SR（或“加拿大标准”游离度 300ML）时的实验室纸页物理性能。

评定：上述检测结果符合上海期货交易所漂白硫酸盐针叶木浆期货合约品质规定。

批准：　　　　审核：　　　　拟制：

附件 1.2

漂白硫酸盐针叶木浆（期货）重量检验报告

编　号：××××

日　期：××××年××月××日

委托人：

品牌/浆种：

申报数/重量（ADMT）：　　××××件/×××包/×××吨

提单号（运单号）：

生产日期/到港日：

取样地点：

货位号：

检验地点：

检验结果：

按照 GB/T 8944.1－2008 和 GB/T 8944.2－2008 标准方法，从到货中随机抽取外表完整××包，用校准衡器逐件（包）过重，并拣取代表性样品测定水分，经检验，实到×××件×××包，总风干重×××.×××吨，平均每张标准仓单××.×××吨（合×××件×××包），详细结果如下：

在 105±2℃平均散失水分	%
绝干浆率	%
风干浆率（以 90% 为基础）	%
全批实到货毛重	×××.×××吨
全批实到货总风干重	×××.×××吨
全批实到件数/包数	×××件（×××包）
平均每包毛重	×.×××吨
平均每包风干重	×.×××吨
平均每张标准仓单重	××.×××吨

批准：　　　　　　　　审核：　　　　　　　　拟制：

后　记

本书是专为期货投资者编写的一本普及性读物，适合于纸浆产业链企业和普通投资者阅读。

本书注意实用性、趣味性，以通俗易懂的语言、鲜明生动的案例将理论知识简单化，避免了理论知识阐述过程中的呆板僵硬。对纸浆产业链企业而言，本书具有指导实务操作的作用，书中包含了大量套期保值、套利、风险管理的应用型案例，对企业应用纸浆期货有一定借鉴意义。对于普通投资者而言，本书通过一问一答的形式，由浅入深地剖析纸浆期货的基本面和技术面，有助于投资者快速了解纸浆市场。

与证券、债券等金融工具相比，期货作为风险管理工具，专业性强，杠杆率高，风险大，这在客观上要求投资者具备一定的专业投资知识、经济实力以及风险承受能力。“期市有风险，入市需谨慎！”

本书由于篇幅限制，无法尽述相关实体企业及投资者在期货市场上可能面临的所有具体情况，不管是实体企业还是普通投资者，参与到期货市场中，都务必结合自身需求，制定科学合理的交易策略。企业参与套期保值要避免变成投机，普通投资者要严格评估自身能力，尽可能地熟悉并掌握交易品种的市场特点及操作技巧，并严格控制交易规模，避免遭受不必要的损失。

作为《期货投资者教育系列丛书》之一，本书由中国期货业协会组织编写，建信期货有限责任公司郑玮承担了本书的具体编写任务。上海期货交易所对本书书稿进行了审阅并提出了宝贵建议。

本书在编写过程中还得到了中国证监会投资者保护局、期货部、上海期货交易所和建信期货有限责任公司领导的指导和帮助，在此表示衷心的感谢！书中的不足和疏漏之处，敬请批评指正。

中国期货业协会

《期货投资者教育系列丛书》编委会

2022 年 6 月

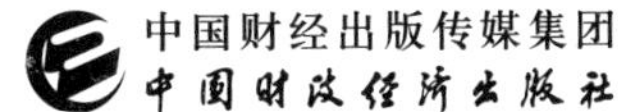

书单
FUTURES

一、系列

序号	系列
(一)	期货投资者教育系列丛书
(二)	金融衍生品系列丛书
(三)	中国期货业发展创新与风险管理研究
(四)	中国期货市场年鉴
(五)	“讲故事 学期货”金融国民教育丛书
(六)	全国期货从业人员资格考试参考用书
(七)	服务实体经济系列
(八)	期货投资者保护丛书
……	……

二、明细

(一) 期货投资者教育系列丛书

序号	书名	书号
1	铜期货	978-7-5223-0293-5
2	精对苯二甲酸（PTA）	978-7-5095-3189-1
3	玉米	978-7-5095-3193-8
4	铝	978-7-5095-3181-5
5	小麦	978-7-5095-3183-9
6	锌	978-7-5095-3190-7
7	线型低密度聚乙烯（LLDPE）	978-7-5095-3184-6

续表

序号	书名	书号
8	早籼稻	978-7-5095-3076-4
9	棉花	978-7-5095-3033-7
10	燃料油	978-7-5095-3034-4
11	菜籽油	978-7-5095-2025-3
12	聚氯乙烯	978-7-5095-2592-0
13	棕榈油	978-7-5095-2589-0
14	黄金	978-7-5095-2532-6
15	白糖期货	978-7-5095-8814-7
16	豆类期货	978-7-5095-8815-4
17	焦炭	978-7-5095-4080-0
18	甲醇	978-7-5095-4093-0
19	铅	978-7-5095-4086-2
20	鸡蛋期货	978-7-5095-5803-4
21	铁矿石期货	978-7-5095-5809-6
22	纤维板、胶合板期货	978-7-5095-5810-2
23	石油沥青期货	978-7-5095-5816-4
24	菜籽系期货	978-7-5095-5743-3
25	白银期货	978-7-5095-5955-0
26	玻璃期货	978-7-5095-5697-9
27	动力煤期货	978-7-5095-5802-7
28	稻谷期货	978-7-5095-5826-3
29	原油期货	978-7-5095-7708-0
30	苹果期货	978-7-5223-0455-7
31	花生期货	978-7-5223-0967-5
32	生猪期货	978-7-5223-0851-7
33	天然橡胶期货	978-7-5223-1184-5
34	钢材期货	978-7-5223-1175-3
35	甲醇期货	978-7-5223-1295-8
36	纸浆期货	978-7-5223-1277-4
……	……	……

（二）金融衍生品系列丛书

序号	书名	书号
1	股指期货（第二版）	978-7-5095-9432-2
2	场外衍生品（第二版）	978-7-5095-9596-1
3	国债期货（第二版）	978-7-5095-9601-2
4	金融期权（第二版）	978-7-5095-9598-5
5	外汇期货（第二版）	978-7-5095-9597-8
6	结构化产品（第二版）	978-7-5095-9600-5
7	金融衍生品习题集（第二版）	978-7-5095-9599-2

（三）中国期货业发展创新与风险管理研究

序号	书名	书号
1	中国期货业发展创新与风险管理研究（8）	978-7-5095-6907-8
2	中国期货业发展创新与风险管理研究（9）	978-7-5095-7523-9
3	中国期货业发展创新与风险管理研究（10）	978-7-5095-8144-5
4	中国期货业发展创新与风险管理研究（11）	978-7-5223-0213 3
……	……	……

（四）中国期货市场年鉴

序号	书名	书号
1	中国期货市场年鉴（2015年）	978-7-5095-6924-5
2	中国期货市场年鉴（2016年）	978-7-5095-7503-1
3	中国期货市场年鉴（2017年）	978-7-5095-8331-9
4	中国期货市场年鉴（2018年）	978-7-5095-9079-9
5	中国期货市场年鉴（2019年）	978-7-5095-9869-6
……	……	……

（五）“讲故事 学期货”金融国民教育丛书

序号	书名	书号
1	走进期货	978-7-5095-7095-1
2	如何进行期货交易	978-7-5095-7092-0
3	期货的套保和套利	978-7-5095-7093-7

续表

序号	书名	书号
4	期货交易中的“规矩”	978-7-5095-4355-9
5	金属期货	978-7-5095-7087-6
6	农产品期货	978-7-5095-7104-0
7	能化期货	978-7-5095-7088-3
8	金融期货	978-7-5095-7094-4
9	期权	978-7-5095-7217-7
10	场外衍生品	978-7-5095-7091-3

（六）全国期货从业人员资格考试参考用书

序号	书名	书号
1	期货及衍生品基础（第三版）	978-7-5223-1005-3
2	期货法律法规与职业道德	978-7-5223-0997-2
3	期货及衍生品分析与应用（第四版）	978-7-5223-0998-9

（七）服务实体经济系列

序号	书名	书号
1	期货行业主力复工复产案例集	978-7-5223-0168-6
2	期货服务实体经济案例集	978-7-5095-8029-5
……	……	……

（八）期货投资者保护丛书

序号	书名	书号
1	期海导航——期货投资常识与基础知识	978-7-5223-1045-9
……	……	……

咨询电话：010-88190912

咨询邮箱：jiayanping@cfemg.cn